S0-AXE-202

지난 줄거리

듀나스에게 붙잡힌 도도와 아루루를 구하기 위해
숙희는 모든 에너지를 응축한 여의주로 안개를 만들고 오버로드의 시야를 가려
애드먼드의 전함으로 도도와 아루루를 구해낸다. 한편 주카는 로비에게 니벨룽겐의
에너지만이 혼테일을 살릴 수 있다는 얘기를 듣고, 니벨룽겐이 있는 네오시티로 가지만
그곳의 경비대장이 되어 있는 라케니스에 의해 앤디 영주의 성으로 끌려간다.
도도 일행은 네오시티에 가기 위해 니할 사막을 건너던 중 또다시 듀나스의
공격을 받고, 실수로 흙을 먹은 바우는 해가 저물자 다크엘프로 변신하기 시작하는데…!

코믹 메이플스토리 오프라인 RPG 43

1판 1쇄 인쇄 2010년 12월 10일 | **1판 1쇄 발행** 2010년 12월 20일 | **글** 동암 송도수 | **그림** 서정은 | **발행인** 유승삼 | **편집인** 이광표 | **편집팀장** 최원영 |
편집 이은정, 방유진, 이희진, 오혜환, 권지은 | **표지 및 본문 디자인** 최한나, design86 | **마케팅 담당** 홍성현 | **제작 담당** 이수행 | **발행처** 서울문화사 |
등록일 1988. 2. 16. | **등록번호** 제2-484 | **주소** 140-737 서울특별시 용산구 한강로 2가 2-35 | **전화** 791-0754(판매) 799-9171(편집) | **팩스** 749-
4079(판매) 799-9300(편집) | **출력** 지에스테크 | **인쇄처** 서울교육 | **ISBN** 978-89-532-9437-0(세트) 978-89-263-9108-2

캐릭터 소개

바우
노움과 싸우다 몸에 퍼지게 된 독 때문에 절대로 흙을 먹어서는 안 되는 순수 발랄 소녀.

도도
정의로움과 용기로 어려운 상황을 헤쳐나가며 메이플 최고의 전사로 거듭나고 있는 소년.

아루루
명석한 두뇌로 위기 속에서 친구들을 돕는 의리파로, 최근 주카와의 엇갈림에 안타까워 함.

델리키
기억을 되찾고 아버지를 구하기 위해 옛 스승을 부활시키려는 마법사로 라케니스를 쫓고 있음.

혼테일
절대적 힘을 가졌으나 현재 매우 약해진 상태로, 니벨룽겐의 치료가 필요한 핑크빈 제국의 황태자.

카이린
바다의 귀족다운 당당함을 가진 씩씩한 소녀로, 아루루를 향해 애틋한 마음을 품고 있음.

주카
혼테일에게 끌려온 후 그와 전생의 인연을 느껴 곁을 떠나지 못하는 와일드 카고 족의 공주.

슈미
착하고 순수한 세계수의 딸로 미용 기술에 남다른 재능을 선보이며 위기 상황을 헤쳐나감.

차례

Quest 210

벨리코는 바우한테 무슨 일을 했을까?

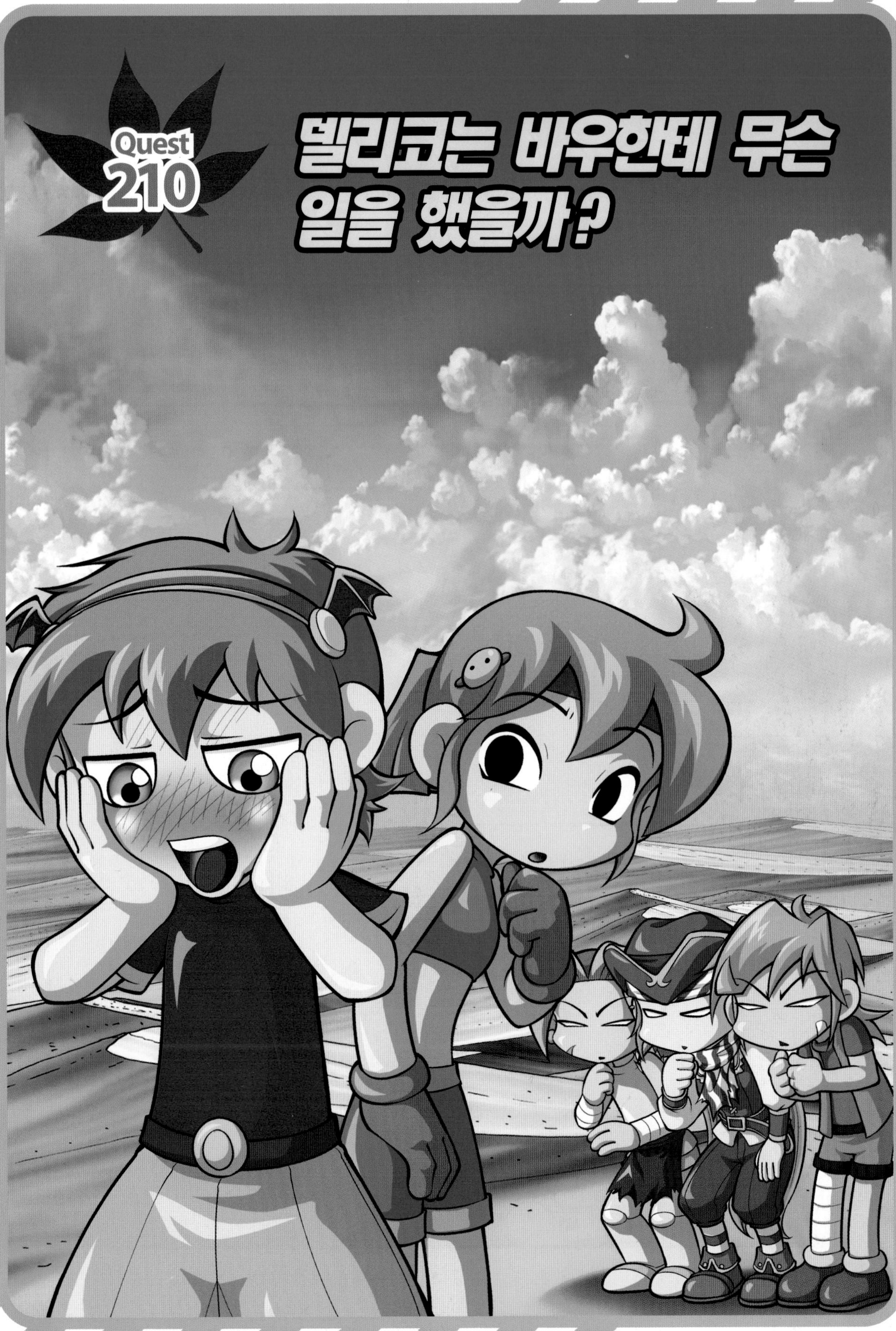

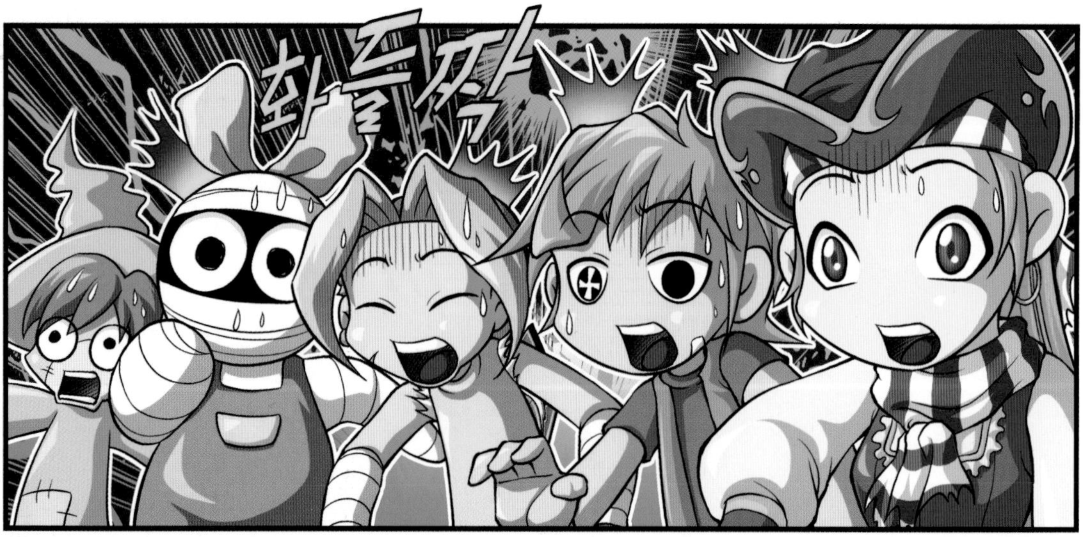
화들짝

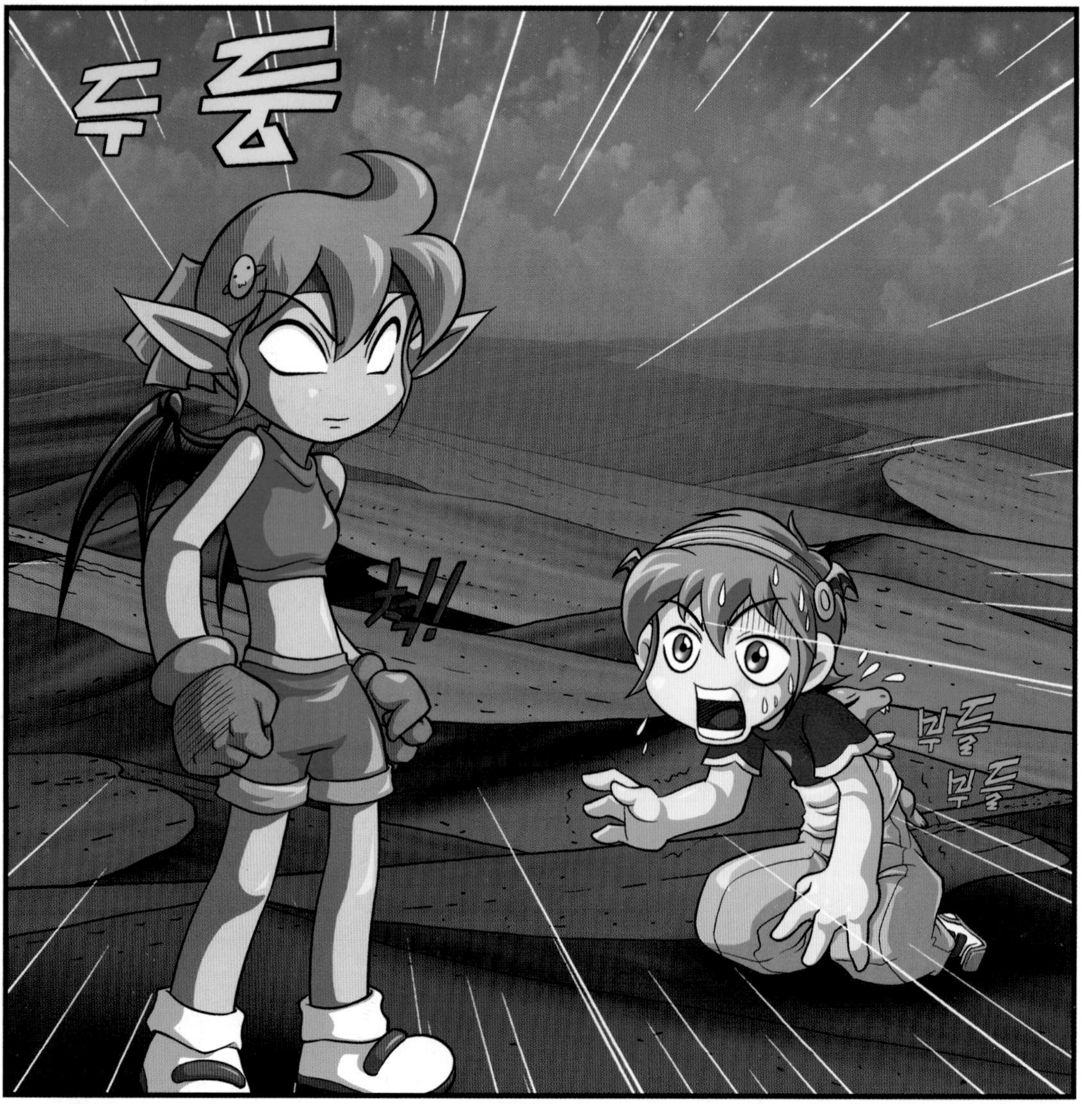
두둥
척!
부들
부들

저건 또 뭐야?!

나?

미리 알면 재미없지~!
일단 악몽의 맛부터
느껴보는 게 어때?

이런 건방진~!
〈개틀링 샷〉을 맞고도
그런 소리가 나오는지
두고 보자!

저는 〈코믹 메이플스토리〉를 정말 사랑합니다. 메이플 친구들과 함께 나날이
강해지고 있어요!^^ 매일 달력을 보면서 짝수달을 기다리고 있으니까 앞으로도
멋진 만화 부탁드려요. (안솔미 | 부산광역시 북구 만덕1동)

*5

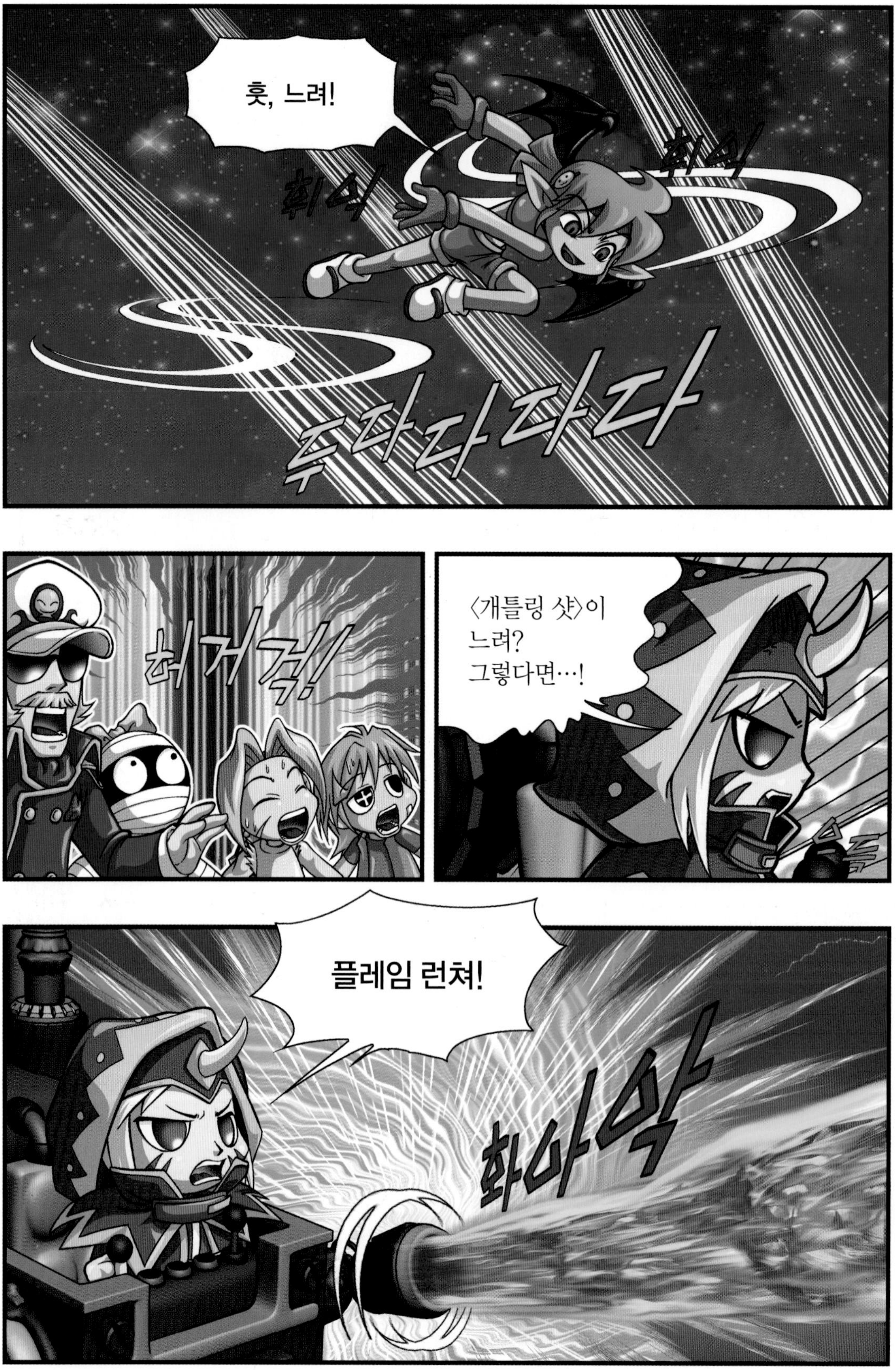
훗, 느려!
휘익
휘익
두다다다다
허거걱!
〈개틀링 샷〉이
느려?
그렇다면…!
플레임 런쳐!
화아악

뭐가 이렇게 미지근해…?!

내 고향에 있는 지옥의 유황불 사우나가 그립군. 땀 빼고 마시는 시원~한 박쥐맛 우유 한 컵의 여유!

가… 강적이다! 총탄을 피하는 스피드라면 대포도 소용없을 텐데…

코메쟝

〈코믹 메이플스토리〉를 읽으면 친구들과 함께 재미있는 이야기를 나눌 수 있어서 좋아요! (신현준 | 경기 용인시 기흥구)

벌써 끝이야?
그럼 이젠 내 차례~!
다크엘프 몸돌파!

대체 내 동작 *제어 장치에
무슨 짓을 한 거야~!!

송맛사 제어 : 1.기계가 목적에 알맞은 작용을 하도록 조절하는 것.
　　　　 2.감정, 충동, 생각 따위를 억누르는 것.
헉, 갑자기 메탈아머가 제어되지 않아. 이런 일은 처음인데…!　　헉, 식욕이 제어되지 않아. 늘 그렇지만~.

코메짱 신나고! 재미있고! 두근두근 떨리는 책! 계속해서 재미있는 이야기 들려주세요~.^^ 〈코믹 메이플스토리〉 파이팅! (이재빈 | 경기 성남시 분당구)

크하하, 요건 몰랐을 거다!
독립된 인공지능 시스템으로
작동되는 초강력 로봇 펀치!!

뭐야, 바로 일어나?!

마력 최대!
스크류 기능 선택!
무제한 *난타
옵션 추가!

바우야, 피해!

엄청난 파워의
공격이야!

맞으면 끝장
일 텐데…!

발사!!

*맷집 : 매를 견디어 내는 힘이나 정도.

다크엘프
*맷집 강화!

난타 : 마구 때리고 치는 것.

송맛사

나 어젯밤 길에서 깡패들한테 난타 당했어. 천하제일검 도도가 겨우 깡패들한테 얻어맞았다고?!
천하제일검 도도는 절대로 안 맞지. 그런데 걔들이 천하제일검 도도를 전혀 몰라보더라고. 헉…!

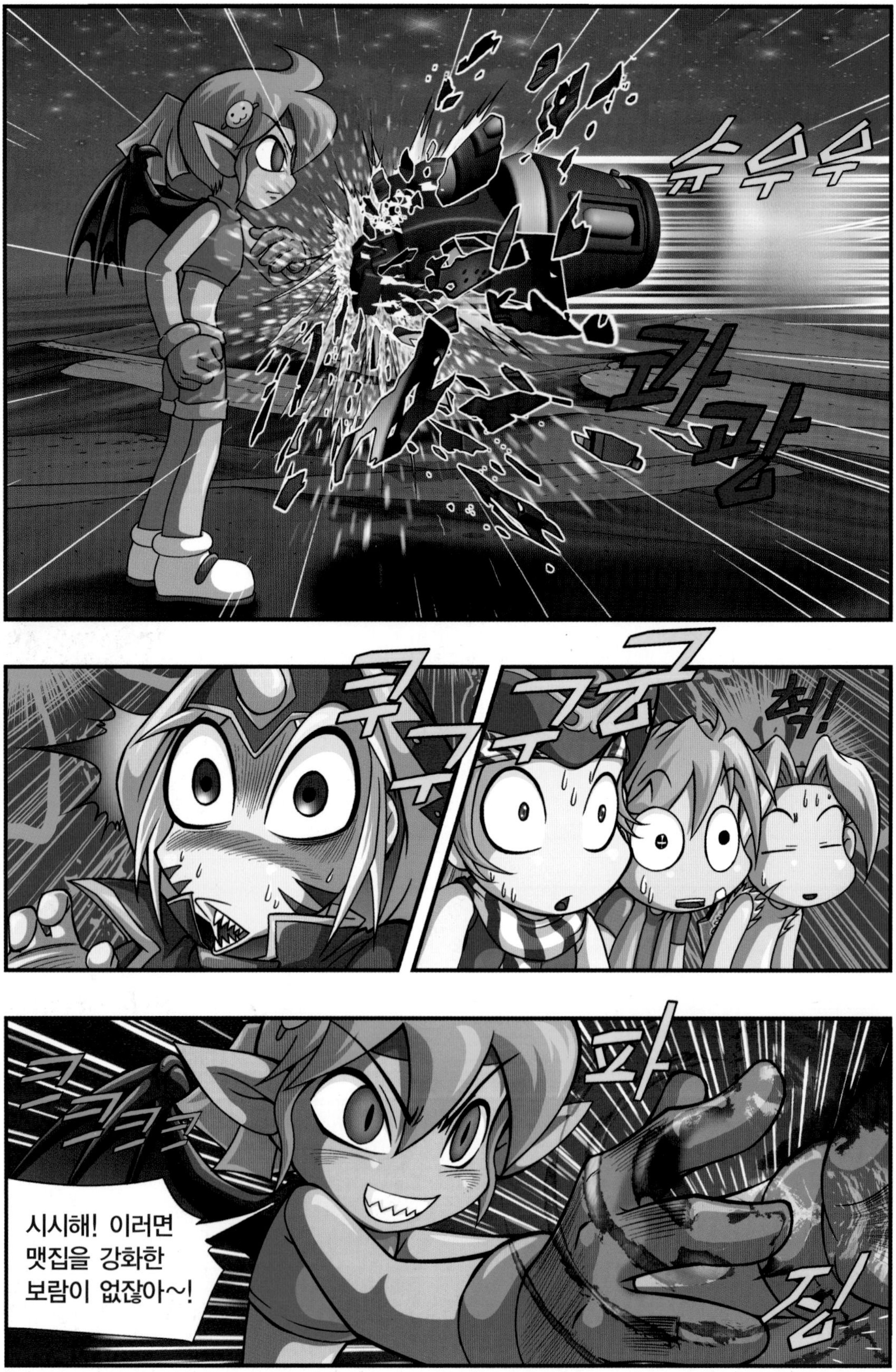

슈우우
콰광
쿠구구궁
척!
크크크크크
파
시시해! 이러면
맷집을 강화한
보람이 없잖아~!
징

소, 손이 사라졌어!

정령계와 통하고 있는 거예요.

정령계와…?

다크엘프는 정령계와 현실계를 자유롭게 넘나들 수 있거든요.

코메짱

〈코믹 메이플스토리〉는 아이들의 상상력과 용기를 키워주고, 친구를 믿는 마음과 동료를 위해 자신을 희생할 줄 아는 마음을 길러주는 좋은 작품이라고 생각합니다.
(이강훈 어린이 어머니 | 인천광역시 남구 도화2동)

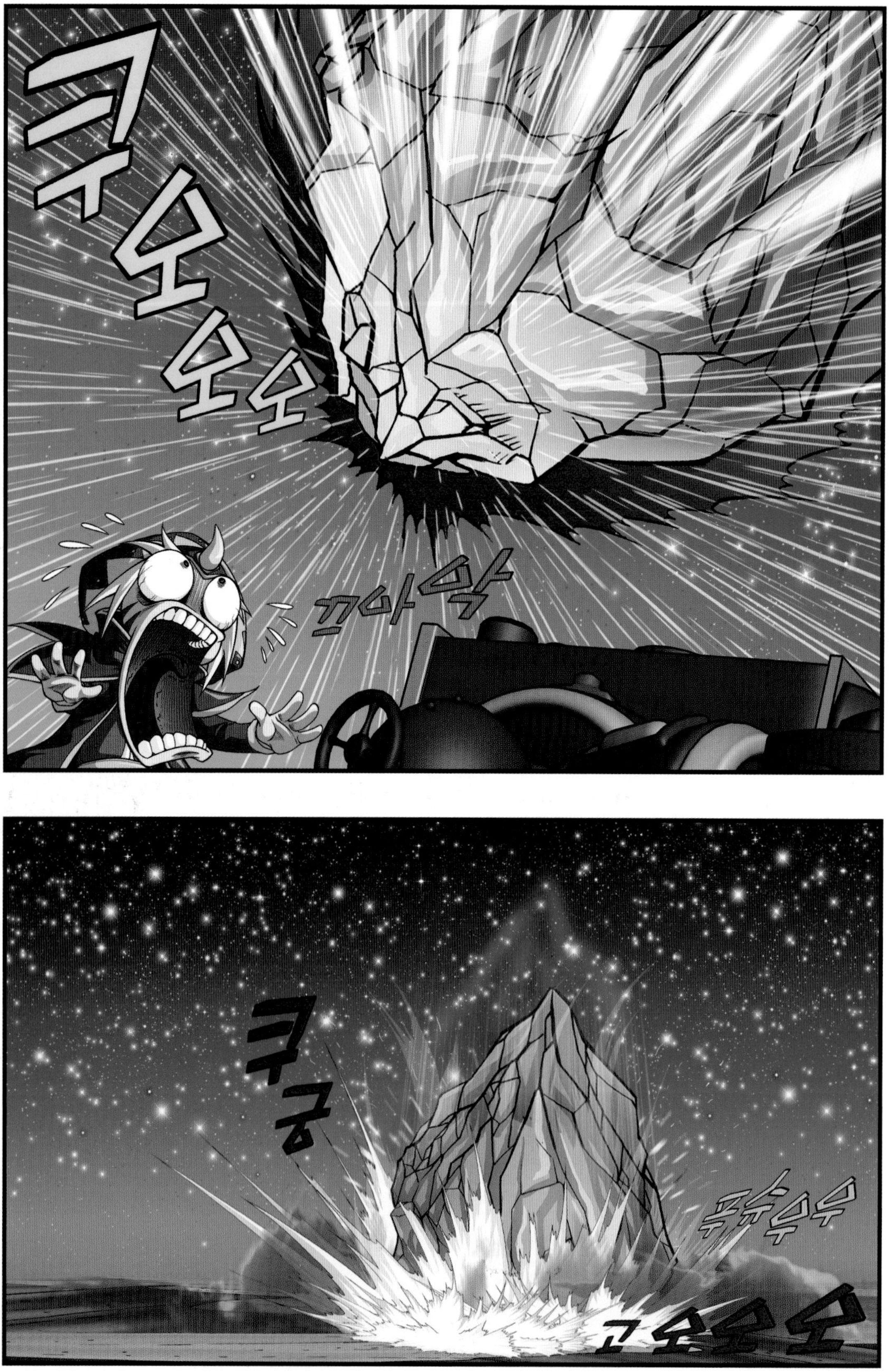
쿠오오오
끄아악
쿠궁
푸슈우우
고오오오

*계를 넘어온 것은 에너지뿐이라 형체는 곧 사라질 환각에 불과해요.

*계 : 분야, 영역, 세계를 뜻함.

코메짱 〈코믹 메이플스토리〉는 우리 반 애독서 1위예요!^^ 제가 학교에 〈코메〉를 가져가면 아이들이 왁자지껄해지면서 서로 책을 나눠 읽는답니다. (김민솔 | 경기 광주시 오포읍)

바우 만세-!

내가…

획

아직도
바우로 보여?

찌릿!

모두 피해요-!!

획

 〈코믹 메이플스토리〉야! 정말 고마워! 넌 내가 읽은 만화 중에서 가장 재미있는 책이야~.^^ 다음 이야기도 빨리 보고 싶다~. (서응진 | 전남 순천시 해룡면)

빨리 안 따라오고
뭐 해요…?

요즘 다크엘프들 사이에서
최고로 유행하는 장난인데…,
어때, 재밌지?

좀 더 재밌게
해줄까?
잘~봐!

스나이핑!

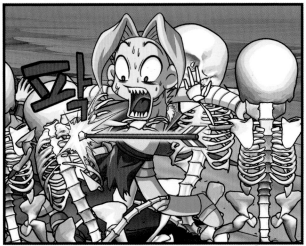

이런…!
이번엔 꼭 *명중
시켜줄게.

바우 누나-
그만해요!

송맛사
명중 : 화살이나 총알 같은 것이 겨냥한 곳에 딱 맞는 것.
어제 바우 누나가 쏜 화살이 내 가슴에 정확히 명중하는 꿈을 꿨어.
끔찍했겠다. (사실 나도 같은 꿈을 꿨는데….^^;)

제 발로 돌아온 기특한 녀석이군! 좋아, 너에게 첫 번째 *표적의 영광을 허락하지.

누나, 정신 차려요! 아무리 다크엘프로 변신했어도 이래선 안 돼요! 우린 모두 바우 누나의 소중한 친구들이잖아요!!

시끄럽다! 너부터 없애주마!

쫙!

계속 이러면 나도 생각이 있어요!

파팟

오호, 일루전이군! 넷 중에 누가 진짤까~?

표적 : 쏘거나 던져서 맞히려는 것.

송맛사
사냥꾼들이 내 여우 친구들을 표적 삼아 총을 쏘아댔어. 근데 이상하게 나한테만 안 쏘더라고. 알고 봤더니 내가 천연기념물 불곰인 줄 알았다나? 오~, 위장술이 따로 필요 없는걸~.

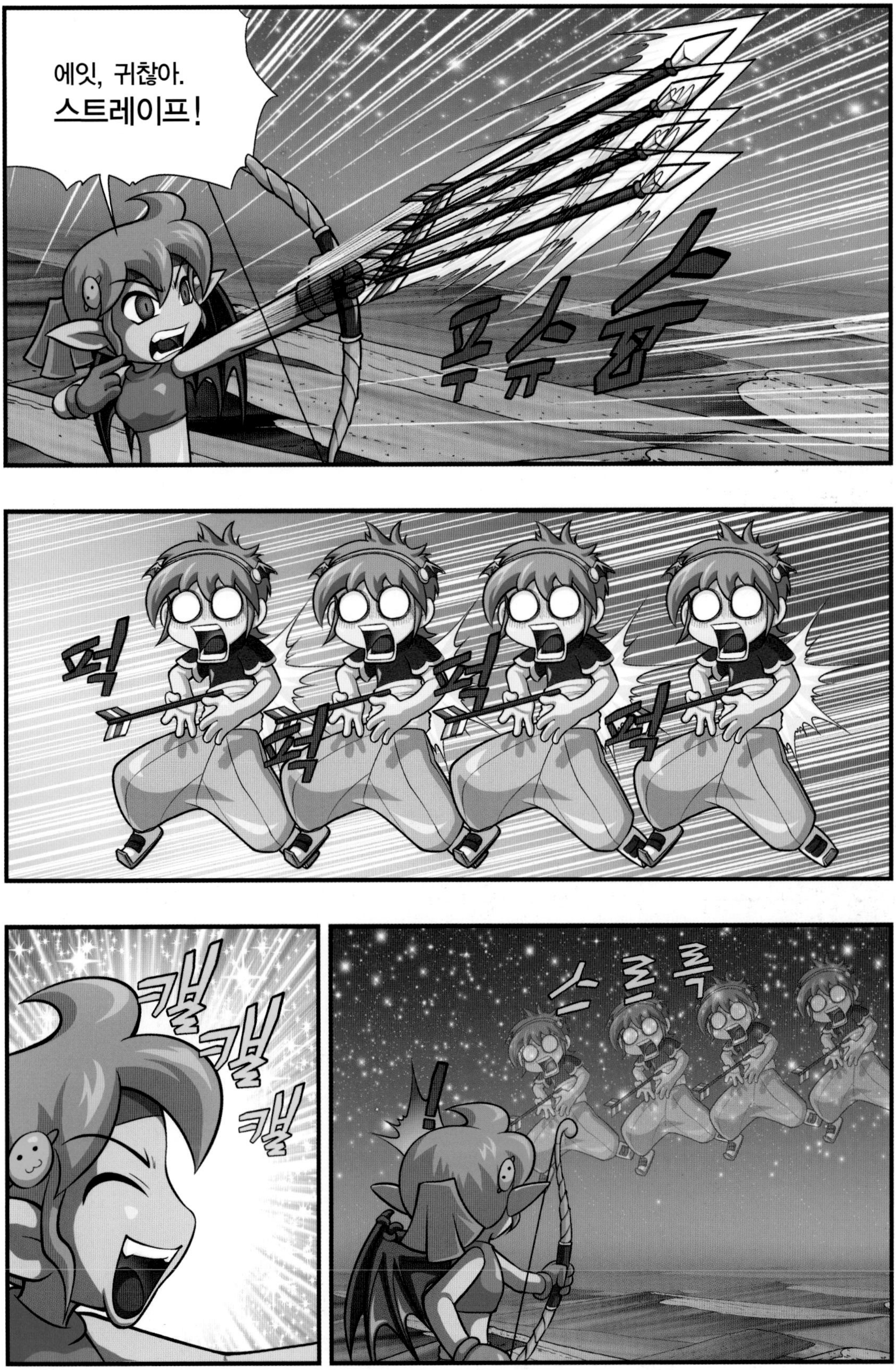
에잇, 귀찮아.
스트레이프!
푸슈슉
퍽
퍽
퍽
퍽
캘
캘
캘
!
스르륵

코메짱

답답할 때 〈코믹 메이플스토리〉를 보면 마음이 저절로 편안해져요! 이 책을 만들기 위해 수고하시는 모든 분께 감사드려요! 앞으로도 〈코믹 메이플스토리〉를 기다리는 전국의 모든 독자들을 위해 더욱 힘내주세요.^^ (문성민 | 경북 구미시 상모동)

뭐야, 넷 다
*환영…?

푹 촥

덥썩

환영 : 실제로는 없는 것이 눈앞에 보이는 것.

송맛사 서비스센터죠? 아침에 일어나 컴퓨터를 켜니까 뿌연 환영 같은 게 보여서요….
고객님, 눈곱을 또 안 떼셨군요.

〈코믹 메이플스토리〉를 통해 주영이가 친구들과의 우정, 어려운 일을 헤쳐나가는
주인공들의 지혜와 용기를 배웠으면 합니다. (황주영 어린이 어머니 ㅣ 서울 중랑구 면목4동)

바우야,
너 돌아왔구나!

돌아오다니,
어디 간 적도 없는
사람한테 무슨~.

웬일!! 그 난리를 쳐놓고
기억도 못 하나 봐.

수군 / 수군

델리코, 바우를
대체 어떻게 되돌려
놓은 거야?

모, 몰라요! 그냥
어쩌다 보니까….

숙희야, 넌 알지?

몰라, 그냥
둘이 어쩌다
보니까….

근데…, 바우가 어떻게
원래대로 돌아온 걸까?
델리코가 아무 말도 안 하는 게
뭔가 수상해.

맞아. 다크엘프로 변하면
물에 빠뜨리라고 수룡님이
그랬다며….

코메장 저는 〈코믹 메이플스토리〉 덕분에 친구와의 우정이 얼마나 소중한 것인지 알게 되었어요.
이런 깨달음을 주셔서 감사해요!^^ (구정모 | 충남 아산시 온천동)

물의 정령 기운을 심어 놓았다니까 물에만 닿으면 되는 게 아닐까?

아! 그것도 그렇겠다.

그럼 내 *추리는 이래!

누나, 제발 정신 좀 차려봐요…!

추리 : 알고 있는 사실들을 바탕으로 찬찬히 살펴서 아직 밝혀지지 않은 것을 알아내는 것.
내 책상 서랍 속의 빵을 누가 먹었는지 추리해 본 결과! 범인은 바우 누나예요. 오~! 대단하다!
대단하긴요, 유통기한이 석 달이나 지난 빵을 먹고도 멀쩡한 사람이 누나밖에 더 있어요?

델리코,
네 눈물이
날 구했어.

어때, 내 추리?

에이, 겨우
눈물 한 방울로
해결되겠냐?

양이 무슨 문제야!
몸속의 물의 정령을
깨우는 데는 한 방울이면
충분할 거야.

글쎄…, 그럴듯한 것
같지만 왠지….

그걸로는
뭔가 부족해.

내 추리는 이래!

 〈코믹 메이플스토리〉 때문에 웃는 일이 많아졌어요~. 앞으로도 재미있는 이야기
많이 부탁드릴게요.^^ (김경윤 | 부산광역시 사하구 다대2동)

이 건방진… 각오해라!

누나야말로 각오하세요!

어때, 나의 예리한 추리가?

으으, 더러워!

지저분하긴….

난 토 나올 것 같아.

왜들 이래? 아루루 추리보다 내 추리가 훨씬 낫잖아. 눈물보다야 침이 더 그럴듯하지 않냐고!

카이린, 네 생각은 어때?

나는 잘 모르겠어. 다만 둘의 모습을 봤을 때….

그냥 뭐 알아서
잘 해결했겠지.
그치~?

그래, 이미 지나간 일을
따져봐야 뭐 하겠어?
하하~.

코메짱

〈코믹 메이플스토리〉는 저의 활기찬 날개를 더욱 튼튼하게 만들어주고,
상상력을 쑥쑥 키워주는 고마운 책입니다.^^ (최아영 | 대전광역시 대덕구 오정동)

*29

아, 정말 너무 배고파서
잠을 잘 수가 없네!

생각 같아선···!!

생각 같아선,
뭐!

흙이라도
먹겠단 거야?!

어디 한 번
먹어 봐!

너희들···
농담 좀 했다고
어떻게 나한테···.
흑-!

흑 소리도
하지 마,
소름 끼쳐!!

코메짱 〈코믹 메이플스토리〉가 나오는 짝수달이 되면 현석이는 아기 같아집니다~.
우유를 달라고 보채는 아기처럼 〈코믹 메이플스토리〉를 사달라고 엄청 조르니까요.^^
(박현석 어린이 어머니 | 서울 관악구 미성동)

혼테일을 체포할 때 빼앗은 것이라고?

그냥 평범한 새장이잖아.

겉보기엔 그렇죠~. 하지만 그 안엔 귀중한 보물이 들어 있답니다.

귀중한 보물? 그게 뭔데?

저도 잘은 모르는데요….

'암리타' 라고, 혼테일이 *애지중지하는….

*애지중지하다 : 매우 사랑하고 소중히 여기는 모양.

이 안에 정말 암리타가 있단 말이야? 혼테일이 기어이 이걸 손에 넣었군…!!

그게 그렇게 귀한 건가요?

귀하다마다! 암리타는 엄청난 열쇠야. 암리타를 손에 넣은 자는 〈그것〉을 불러올 수 있지.

〈그것〉이요?

세계수와 혼테일이 벌인 〈백년전쟁〉의 원인이자, 핑크빈 제국이 오랜 세월 동안 찾아 헤맨 바로 그….

바로 그… 뭐요?

넌 몰라도 돼. 흐음… 역시 마법으로 봉인해 놨군.

실컷 궁금하게 만들어 놓고….

참! 네게 상 주는 걸 잊을 뻔했군. 라케니스 널 네오시티의 영주로 임명하노라.

핫!

영주요? 그럼 앤디 님은요?

나는 이제 메이플 월드, 아니 전 우주의 지배자가 되는 거지.

꼬옥

굽신 굽신

아예~! 그럼 앞으로도 계속 예뻐해 주세용~.

그럼 우선 새장의 봉인부터 풀고….

펑

읏

뭐야, 텅 비었잖아!

씩 씩 붉끈

네?

감히 날 가지고 장난을 쳐?

쒸질

아니에요! 분명히 그 안에 암리타가….

시끄러! 어디서 이런 고물 새장을 주워 와서 날 속이려고!!

꼬옥

아닌데…,
분명히 암리타가
있었는데….

도둑시리즈 1탄

사고력과
이해력을
향상시켜 주는
국내 최초
수학논술만화!

논술형
문제 대비!
의사소통능력
강화!

홀수달 20일
출간!

뭐야, 쟤는 왜 아직도 살아
있는 거야? 분명히 나의
암흑에너지파를 정통으로
맞았는데….

그럼요! 저도 옆에서
똑똑히 봤어요!

코메짱
〈코믹 메이플스토리〉는 저의 웃음충전기입니다. 심심할 때 보면 효과만점!
다음 권을 기대할게요~.^^ (방지원 | 서울 강남구 논현2동)

*35

암리타야, 어딨니~?

딴 데서 찾아봐야겠다.

내가 공동묘지에 묻으라는 명령을 내린 것도 봤지?

물론이죠, 그 후에 헹키 영감이 묘지에 묻으러 가는 것도 봤다고요.

그, 그럼…!!

좀비?!

Quest 211 주카가 또 문신을?

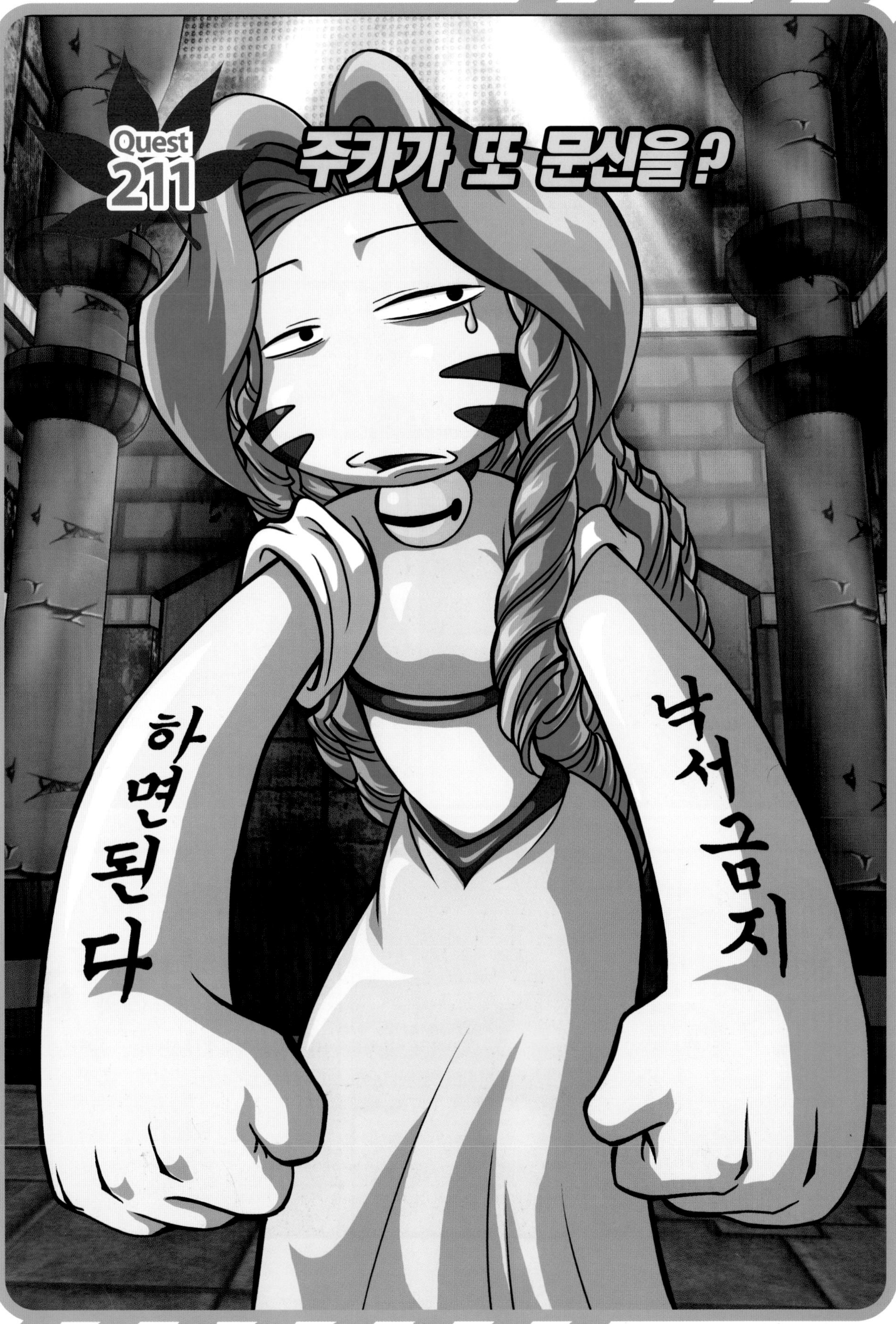
하면된다
낙서금지

부르셨습니까?

주, 죽었던 슈미가 돌아다니던데…?

제대로 물은 거 맞지?

그, 그게….

가만…, 또 모자를 썼네?

당장 벗어봐!!

그, 그냥 쓰고 있으면 안 될까요? 머리를 며칠 동안 안 감아서 냄새가….

맞고 벗을래?!

어머, 베이비 펌~ 진짜 잘 나왔다~!!

짜잔

저번에 카리스마를 강조했더니 너무 차가워 보인다고들 해서….

그럼 슈미한테 또 머리를…?

네….

걔가 멀쩡하게 살아 있더라고요. 머리만 손질 받고 영주님께 바로 보고하려고 했는데….

나의 암흑 에너지파를 맞고도 멀쩡하다고? 그게 말이 돼? 걔는 분명 좀비야!

두둥 둥

저… 저기, 좀비는 아닌 것 같은데요…?

좀비는 저런 것 안 먹잖아요.

 항상 재미있는 내용들이 가득해서 큰 웃음을 주는 〈코믹 메이플스토리〉! 볼 때마다 전 배꼽 잡고 웃는답니다.^^ 영원히 안 끝났으면 좋겠어요. (심규태 | 경기 하남시 덕풍동)

너… 어떻게
살았지?

과일이랑 과자만
먹고 살았는데요.

아니, 어떻게
죽지 않고
살았냐고!

아, 해물순두부
찌개도 먹었어요!
헹키 영감님이
사주셨거든요~.

그 얘긴
비밀이라니까…!

지혜의 눈이 되살아나서 보호해주는 게 아닐까요?

어쩌면 사과 때문일지도…. 워낙 비타민C가 풍부한 과일이니까요~.

해물순두부찌개 덕분인가 봐. 몸에 좋은 조개랑 오징어랑 미더덕….

헛소리 집어치워! 지금까지 내 중음의 암흑에너지파를 맞고도 멀쩡한 사람은 아무도 없었어!!

사람 중엔 없지.

엥?

 코메짱 〈코믹 메이플스토리〉는 재미있을 뿐만 아니라 아이에게 기대와 기다림을 알게 해주고, 인내심을 키워주는 책이에요! 도원이는 두 달 동안 하루하루 날짜를 세며 다음 권을 기다린답니다. (김도원 어린이 어머니 | 전북 군산시 미원동)

 *41

하지만 난 몽짜거든~!

쿠궁

네가 수련한 중음이란 곳이 바로 내 고향이야. 나한테 그 에너지는 고향의 정겨운 에너지라고! 히히~.

저 녀석이 슈미를 보호한 거군. 그래서 내 공격이 통하지 않은 거야.

몽짜야, 너 어울리지 않게 왜 슈미를 돕고 그래?

라케니스, 너하곤 이제 끝이야! 친구를 발톱의 때 만도 못하게 여기는 배신자!

그럼 지옥방의 굶주린 사자들을 막아준 것도 너냐?

그래!
왜, *떫냐?

*떫다 : 1. 하는 짓이나 말이 덜되고 못마땅하다.   2. 설익은 감의 맛처럼 거세고 텁텁한 맛이 있다.

슈미야, 우리
나가서 놀자!

응, 근데
나 똥 마려워~.

그럼
영주 침실에 있는
화장실 써, 거기가
제일 깨끗해!

거긴 안 돼.
어젯밤에 몰래 가서
똥 누다가 막혔단
말이야.

저것들을
그냥…!!

영주님~, 몽짜는
본성이 사악한 애예요.
잘만 타이르면 슈미랑은
헤어지고도 남을….

화장실은
뚫어뻥으로
금방….

꼴도 보기 싫으니까
모두 꺼져!

코메장
저도 나중에 커서 도도처럼 용감한 친구가 되고 싶어요!^^
〈코믹 메이플스토리〉 파이팅! (박종혁 | 경북 포항시 북구)

*43

내가 지금 저런 꼬맹이랑
*승강이할 때가 아냐.
암리타의 행방부터
찾아야 해…

저벅
저벅
저벅

주카는 혼테일의 여친
이랬으니까 분명히 뭔가
아는 게 있을 거야.

척

이 방입니다,
영주님!

참, 혼테일은
어디 있나? 그 방부터
가봐야겠다.

척

그 방도 이 방입니다,
영주님!

누가 같이
가두래-?!

빠직
끔찍

따로
가두란 말씀을
안 하셔서…

으…, 화낼
기운도 없다.

끙 끙

스윽

송맛사 승강이하다 : 서로 자기가 옳다거나 자기 뜻대로 하겠다면서 말다툼하다.
주카, 우리 더 이상 승강이하지 말자. 그거 듣던 중 반가운 소리네요. 이제 그만 날 풀어줘요.
풀어달라고? 그건 내가 할 말이다. 내 마음을 사로잡고 있는 건 바로 너니까….

혼테일이 전쟁의 승리를
포기하면서까지 사랑했던
와일드 카고족의 공주….
나도 그녀의 사랑을
듬뿍 받고 싶다!

 정말 재미있고 스릴 넘치는 〈코믹 메이플스토리〉! 읽다 보면 기분이 좋아지고
저도 커서 모험을 하고 싶다는 생각이 들어요.^^ (전호성 | 대구광역시 달서구 도원동)

최대한 멋있게
보여야지~!

주카 양,
어디 불편한 점은
없으시오?

그걸 질문이라고
하니, 이
안난똥아!

안난똥이… 뭐요?

'안경 쓴 난쟁이
똥자루'란 뜻이다, 왜!!

게다가 머리는 또 그게
뭐야? 머리에 잡초까지
키우나 보지?

여, 영주님!

46

암리타가 든
새장!!

당장 주카를 끌어내
지하 *독방에 가둬라!

*독방 : 1. 혼자서 쓰는 방.   2. 감옥에서 죄수 한 사람만 가두는 방.

쳇…

암리타는 앤디가 새장에서 빼갔나 봐. 혼테일은 그동안 헛수고한 거네.

황태자 전하는 그렇게 허술한 분이 아니십니다. 암리타는 처음부터 새장 안에 없었어요.

그럼 어딨는데?

주카 웬수님 등에 *이식되어 있던데…, 역시 모르셨군요?

*이식 : 한 군데에 있던 것을 다른 데에 옮겨 붙이는 것.

이놈의 마룡이!!
내 몸이 무슨 스케치북이야?!
누구 맘대로…!!

진정하세요!
암리타를 이식
했다는 건,
황태자 전하께서
주카 웬수님을 그만큼
믿고 아낀다는
뜻이에요.

아끼는 것 좋아하네!
날 암리타의 도구로
쓴 거잖아!

흥분하지 말고
제 말 좀 들으세요.

주카 웬수님은
암리타가 뭔지는
아세요?

알 게 뭐야?
상처 하나 없는
깨끗한 내 몸에
왜 제멋대로
이런 걸
새겨놓냐고–!!

암리타는 우주에서 가장 강력한
힘을 불러올 수 있는 열쇠예요.
그 힘을 갖는 자가 우주를
지배하게 될 거라고요!

그 힘이…
뭔데?

그건
말씀 드릴 수
없어요.

 <코믹 메이플스토리>는 우리 아이에게 만화가의 꿈을 키워주는 고마운 책이에요!^^
(조영현 어린이 어머니 | 경남 사천시 정동면)

*49

됐어, 알고 싶지도 않거든! 문제는 이런 몸으로 어떻게 결혼하냔 말이야!!

별걱정을 다 하네. 황태자 전하랑 결혼하면 되지….

근데 헤르메스에서 혼테일은 왜 날 놓아주려 했을까? 소중한 암리타가 내 몸에 있는데….

전하께서 그러셨다고요?! 그럼… 주카 웬수님이 스스로 전하와 함께 가겠다고 나서길 바라신 게 아닐까요?

흥, 웃겨 정말~!

근데 혼테일은 언제 내 몸에 암리타를 이식한 거지? 난 기억이 전혀 없는데….

그야… 웬수님이 주무실 때 몰래 이식하셨겠죠.

뭐? 그럼 내가 잘 때 내 몸에 몰래 손을 댔단 말이야?!

아, 그야 뭐….

50

http://cafe.naver.com/ismgadong
〈서울문화사 아동기획팀〉 공식카페로 놀러오세요~!♪
포니

아니지? 당연히 무슨 염력 같은 걸로 손 안 대고 이식했을 거야~. 그치?

그야 뭐… 그럴 수도 있고, 아닐 수도….

분명히 말해!!

그… 그… 그럴 수… 아… 아닐 수….

문 열어! 이 몸이 혼테일한테 물어볼 게 있단 말이다!!

어… 엄청난 힘이다!

행복, 슬픔, 희망 등이 모두 어우러져 만들어진 〈코믹 메이플스토리〉! 앞으로도 계속 파이팅이에요!^^ (이승준 | 서울 성북구 돈암2동)

나더러
안난똥이라니….

흑 흑
흑

내 안경이 뭐 어때서?
안경 너머 별처럼 *영롱한
눈빛이 있는데….

키도 별문제가 안 돼.
좀 작지만… *앙증맞고
귀엽잖아?

*앙증맞다 : 작으면서도 갖출 것은 다 갖추어 아주 깜찍하다.

역시 문제는 이 머리밖에
없어! 주카 양에게 그런 소릴
들은 건 순전히 이 잡초 같은
머리 때문이야!

그래서 드리는
말씀인데요….

버 걱!

송맛사

영롱하다 : 1. 빛이 아름답다.   2. 소리가 맑고 아름답다.
서비스센터죠? 아침에 일어나 컴퓨터를 켜니까 이번에는 영롱한 빛이 어른거려요.
존경합니다. 고객님을 눈곱의 예술가로 임명합니다.

제게 한 번만 더 기회를 주시면 안 될까요? 〈신의 손〉 슈미의 명예를 걸고 반드시 사람의 머리로 고쳐놓겠…

시끄럿!
너도 사람 머리 아닌 줄은 아는구나! 너 같으면 이 꼴로 만든 원수한테 머리를 또 맡기겠냐?

콰지직

멀 쩡~
비시시

사실은…
변기가 또 막혔….

추라닥

봐도 봐도 질리지 않고, 읽을수록 〈코믹 메이플스토리〉 친구들과 점점 더 친해지는 것 같은 느낌이에요. 〈코믹 메이플스토리〉 송도수, 서정은 작가님! 멋진 책을 만들어주셔서 감사합니다~.^^
(정지훈 | 경기 연천군 전곡읍)

영주님~, 이왕에 망치신 머린데 속는 셈 치고 슈미 양한테 한 번 더…

죽을래?!

영주님, 손님 오셨는데요~?

내가 지금 손님 맞게 생겼어?

다, 당신은 리프레의 듀나스 영주!

앤디 영주, 머리 꼴이 그게 뭐요?

그…, 그러는 당신이야말로 어쩌다가…?!

54

★새책소개★ 단어에서 회화까지! 읽기, 쓰기, 듣기, 말하기를 한번에! 영어또똑① 워크북+MP3+스토리카드

저 지독한 듀나스 영주가 눈물이라니…. *원한이 대단한 모양이야.

용건만 말하겠소. 요런 애들이 네오시티에 왔을 거요. 발견 즉시 모조리 체포하여 나한테 넘겨주시오!

당신이 무슨 권리로 내 구역에서 이래라 저래라….

이 부탁만 들어주면…!

리프레의 절반을 당신에게 넘기겠소!

송맛사

원한 : 몹시 분하고 억울하여 가슴속에 응어리진 마음.

내 원한을 갚아줘. 안 그러면 넌 절대 살아 돌아갈 수 없어! / 그런 거라면 내가 전문이지. 원한이 뭔지 말만 해! / 그, 그게… 우리 엄마가 귀신은 꼭 이렇게 말해야 한다고 해서 한번 해본 건데….

리, 리프레의 절반을…?!

못 믿겠다면 이 자리에서 *각서라도 쓰겠소.

그 애들이 무슨 짓을 했기에 그렇게까지…?

*각서 : 약속을 지키겠다는 내용을 적은 문서.

긴 말 하기 싫소. 그냥 내 얼굴을 보고 느끼시오.

엄청난 살기다! 슈미만큼 지긋지긋한 원수들인가 보군.

헹키, 각서 쓸 종이랑 펜을 준비해라! 라케니스, 지금 당장 수배 전단을 만들어서 네오시티 *전역에 붙여라! 현상금은 한 사람당 2억 메소다!

*전역 : 어느 지역의 전체.

내가 반드시 잡아드리겠소. 리프레의 절반을 소유하실 듀나스 영주!!

훗, 리프레를 지배할 분은 황실의 핏줄인 이 몸이지, 안드로이드인 네가 아니야. 그렇지 않아도 내 오른팔을 리프레에 심어 놓았는데…. 생각보다 빨리 차지할 수 있겠는걸~.

이제 곧 도착할 테니 이걸 쓰거라. 그럼 안드로이드처럼 보일 거야!

어?

네오시티에 오신 것을 환영합니다~!!

*배짱 한번 두둑하군!

배짱 : 1. 어떤 일에 겁 없이 나서는 태도.
2. 제 뜻을 내세우면서 고집스럽게 버티는 태도.
바우는 역시 두둑해.   내가 원래 한 배짱 하잖아~!   아니, 배짱 말고 뱃살.

*57

델리…, 아니 뚱… 델… 대체 그 모습은 뭐야?

저러니까 인간처럼 보이진 않네.

저기에 뭐?

WANTED
2억 메소

WANTED
2억 메소

WANTED
2억 메소

WANTED
2억 메소

WANTED
2억 메소

얘네들 말이야…

수배 전단에 나온 애들이랑 비슷하지 않아?

아주 똑같은데?

얘들아, 잠깐 얼굴 좀 보여줄래?

도, 도망칠까?

지금은 안 돼. 주변에 안드로이드가 너무 많잖아.

그럼 어떡해?

아무래도 수상해! 강제로라도 봐야겠어!!

코메짱

〈코믹 메이플스토리〉는 읽으면 읽을수록 더 읽고 싶어져요. 마치 맛있는 음식은 먹으면 먹을수록 또 먹고 싶어지는 것처럼 말이에요!^^ (김지연 | 전북 김제시 검산동)

에이, 뒷모습은 비슷한데 얼굴은 전혀 다르잖아.

이렇게 못생긴 안드로이드들은 처음이야….

*순발력 : 순간적으로 판단하여 말하거나 행동하는 능력.

와~ *순발력 끝내준다!

계속 그 얼굴을 유지하면서 날 따라 오너라. 일단 뒷담을 넘어가야 해.

재들이 저러니까 메이플아일랜드서부터 여기까지 온 거야. 보통 애들이 아니라고!

으…, 얼굴에 *쥐날 것 같아….

*쥐 : 몸의 어느 한 부분에 경련이 일어나 부분적으로 근육이 수축되어 잠깐 동안 움직일 수 없게 되는 것.

재네들 먼저 보내고 나랑 얘기 좀 해.

먼저들 가. 난 곧 뒤따라갈게.

우리밖에 없으니 표정 풀어.

후유~ 무슨 얘긴데 그래?

도도, 혹시 〈오베론〉이라고 들어봤어?

오베론?

내가 네오시티에 와서 정보를 모으다 주워들은 건데….

코메장 재미, 기다림, 즐거움의 연속입니다. 짝수달 20일을 손꼽아 기다리고 있어요!
아이가 벌써 저에게 43권을 예약했답니다. (박정재 어린이 어머니 | 서울 노원구 월계3동)

앤디의 힘은 〈니벨룽겐〉이란
마법함에서 나온다고 하더군.
앤디는 그 마법함을 과거의 세계에서
몰고 왔는데 조종사는 그 자신이고
부조종사는 '로비'라는 로봇…,
그리고 또 하나…,
〈오베론〉이란 유령 같은 존재가
깃들어 있었다는 거야.

유령?

정확히 말하면
전기신호로 이루어진
홀로그램이래.

육체가
없으니까 유령이나
마찬가지지 뭐.

어쨌든 오베론은 니벨룽겐과
함께 미래세계로 건너왔고,
앤디의 충실한 부하가 되어
메이플 월드를 누비며
스파이 활동을 하고 있대.

육체가 없다면서
어떻게 스파이
활동을…?

다른 생명체를 덮쳐
그 육체에
*빙의하는 거지.

오베론은
한몸으로도, 때로는
여러 개의 몸으로도
존재할 수 있대.
어차피 실체가 없는
홀로그램이니까….

*빙의 : 1. 다른 것에 몸이나 마음을 기댐. 2. 영혼이 옮겨 붙음.

인간의 뇌 활동 또한 전기신호로 이루어져 있으니, 오베론은 인간의 생각을 실시간으로 읽고 조작할 수 있을 거야. 네 일행 중에 마인드 리더가 있다 해도 오베론의 적수가 안 돼.

나한테 왜 그런 얘길 해주는 거지? 혹시 짐작 가는 거라도….

그런 건 없어. 다만, 조심하라는 거야.

우리 오빠 말 *명심해! 지금부턴 아무도 믿으면 안 돼!

명심하다 : 어떤 것을 잊지 않도록 마음속에 깊이 새기다.

아루루는 제 남친이라는 사실을 꼭 명심하세요. 그럼 카이린은?

그걸 왜 저한테 물으세요? 사실 나도 잘 모르겠어서 그래.

*63

오베론 얘기를 듣자, 갑자기 왜 애드먼드 선장님 얼굴이 떠오른 걸까…?

맞아! 인공뇌운 속에서….

모든 구름에 벼락이 숨어 있는 건 아니야. 나는 벼락을 만들어 내는 고압의 전기 에너지를 가진 구름을 느낄 수 있단다. 오랜 비행 경험 덕분이지!

에이, 말도 안 돼! 그걸 어떻게 느껴요?

그땐 터무니없는 이야기라 생각했어. 하지만 전기신호로 이루어진 존재라면 가능한 일이 아닐까?

야! 너 또 델리키랑 싸운 거야? 칼은 왜 그렇게 빡빡 문지르는 건데!!

이렇게 하면~

정전기가 생기니까!

정전기는 왜?

코메짱 한 권이 끝나면 바로 다음 권을 기대하게 하는 책! 〈코믹 메이플스토리〉라는 제목만큼이나 코믹한 책! 덕분에 항상 즐겁게 지내고 있어요.^^ (윤승리 | 경기 안양시 동안구)

앗!
따가워!!

한 명이 정전기에
닿았을 뿐인데
네 명이 동시에!!

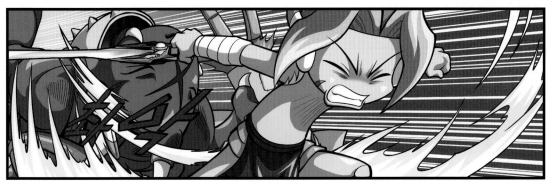

도도, 너 무슨 짓이야?

너흰 모르면 *잠자코 있어! 오베론이 내 생각을 읽기 전에 먼저 수를 쓴 거니까!!

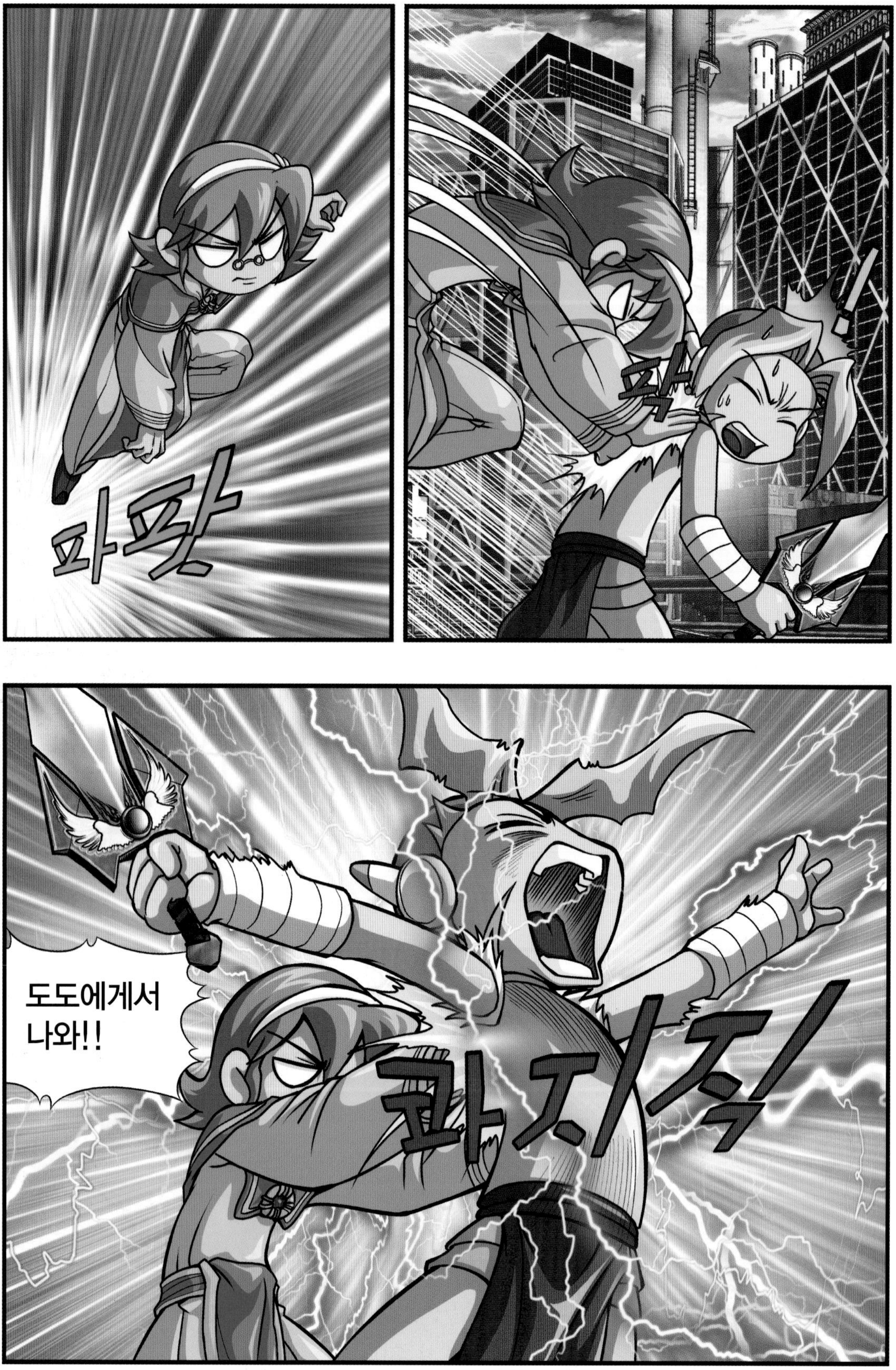
파파팟
짝
도도에게서
나와!!
콰지직

코메짱

〈코믹 메이플스토리〉를 읽으면 짜릿하고 스릴이 넘쳐서 마치 놀이기구를
타는 것 같아요! 앞으로도 〈코믹 메이플스토리〉를 계속 만들어주실 거죠?^^
(김지훈 | 강원 원주시 개운동)

오베론이야.
내 썬더볼트 공격으로
전기신호 체계가 손상을
입었으니 당분간은
빙의하지 못할 거야.

아니

http://cafe.naver.com/ismgadong
〈서울문화사 아동기획팀〉 공식카페로 놀러오세요~!♪

으…, 꼬맹이가 제법이군.

괜찮냐?

아주 기분 나쁘고 낯선 뭔가가 내 영혼을 집어삼키는 느낌이었어.

네 생각을 읽자마자 네 몸에 빙의한 다음, 증거를 없애기 위해 옛 몸을 베어버린 거야. 내가 재빨리 공격하지 않았으면 분명히 또 다른 몸으로 옮겨 다니면서 장난을 멈추지 않았을 거고….

코메짱 〈코믹 메이플스토리〉는 최고로 재미있는 책이에요! 착한 일을 할 때마다 엄마가 책을 한 권씩 사주셔서 42권까지 전부 모을 수 있었어요. 엄마, 감사합니다!
(조현준 | 경기 성남시 분당구)

에잇, 분해! 너희를 이용해 손쉽게 듀나스 영주를 처치하고 리프레 땅을 앤디 영주님께 바치려 했는데, 감히 내 계획을 무너뜨리다니…!

하지만! 곧 다시 만나게 될 거야!

그땐 지금의 수모를 몇 배로 갚아주겠어! 각오해…!!

이게 다 무슨 일이야? 누가 설명 좀 해봐!

넌 애드먼드가 오베론이라는 사실을 이미 눈치채고 있었던 거냐?

특별히 그랬던 건 아니야. 다만… 아무도 믿지 않았을 뿐이지.

그래도 우린 믿은 거잖아! 그러니까 날 불러서 *귀띔하고 도와준 거고!

뚱스턴, 가자.

*귀띔 : 상대편이 눈치로 알아차릴 수 있도록 미리 슬그머니 일깨워 줌.

델리키, 우리 네오시티 안에서만이라도 함께 다니자! 네 목표도 우리처럼 〈위험한 타워〉에 가는 거잖아.

그래, 오빠! 바우 말대로 하자. 어차피 같은 목표라면 둘보단 여럿이 낫잖아.

그, 그럴까…? 그럼.

〈코믹 메이플스토리〉는 석희에게 꿈이자 희망인 책이에요! 책을 읽는 내내 석희의 표정은 기쁨으로 가득 차 있답니다. (이석희 어린이 어머니 | 서울 관악구 신림동)

저리 비켜!

폭력은 안 돼요!

애들아, 나 입가에
흙 또 묻었어…

포… 폭력은
안 된다며…

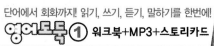

새책소개 단어에서 회화까지! 읽기, 쓰기, 듣기, 말하기를 한번에!
영어모듬 ① 워크북+MP3+스토리카드

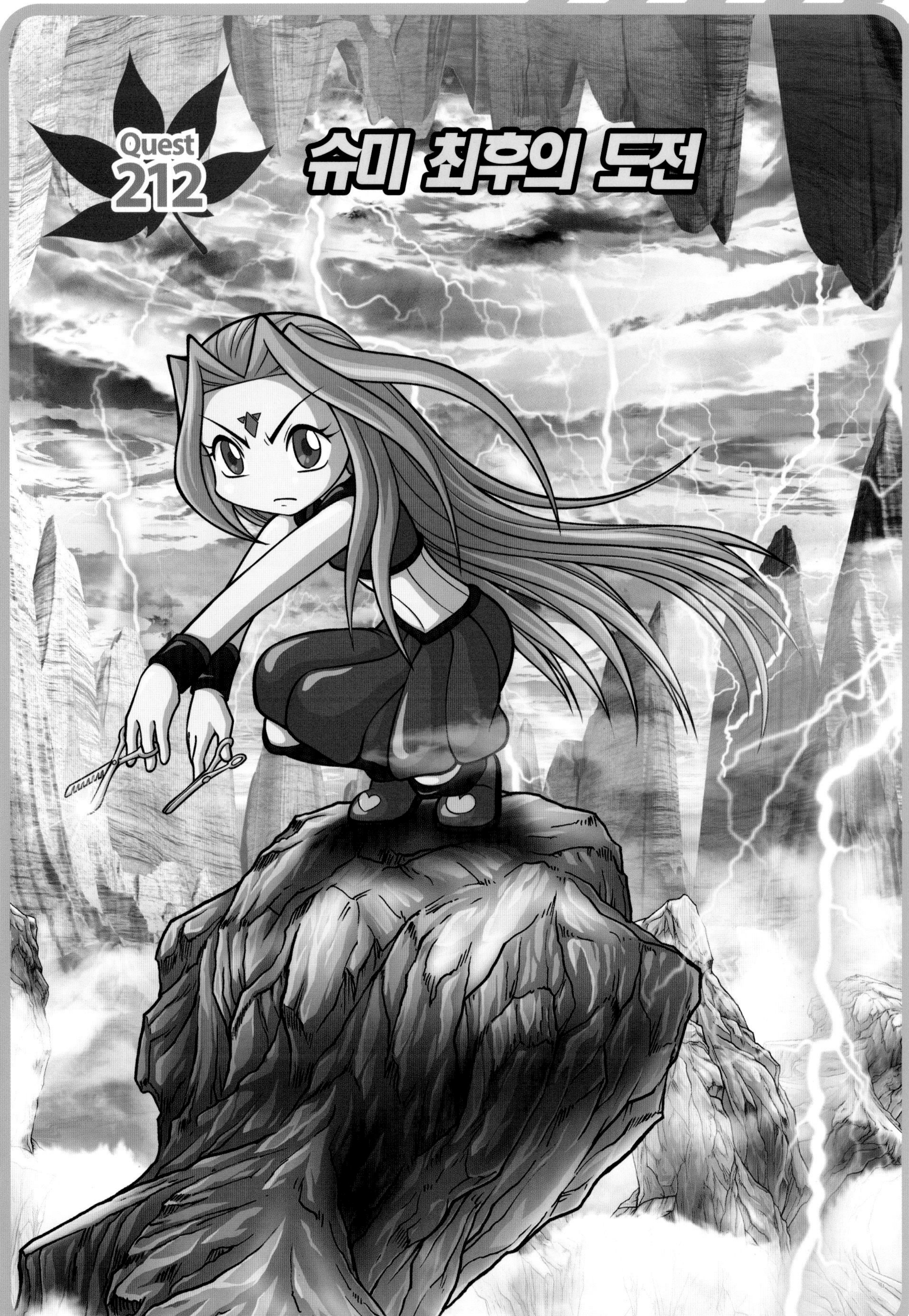
Quest
212
슈미 최후의 도전

슈미한테
다시 한번 머리를
맡기시겠다고요?

그래, 밤새 고민해서
결정한 거야. 그런데…
그새 또 머리를
바꾼 건가?

척

싹~

그건 가발이야?

천만에요~,
제 머리입니다.

그럴 리가…!
어제까지만 해도
짧았잖아.

〈신의 손〉슈미가 몽짜와 함께
하면서 마법력이 추가된 결과죠!
〈마법 헤어스타일링〉이란 새로운
영역을 *개척했다고나 할까요?

그러니까 마법으로
머리카락을 그렇게 길게
만들 수 있단 말이지?

*개척 : 어떤 일을 처음 시작하여 새로운 길을 열어 나가는 것.

와~, 정말
기대되는걸~!
슈미 빨리 불러와.

네, 그러실 줄 알고
이미 대기시켜 놨지요.

*마드모아젤
슈미~!

*마드모아젤(mademoiselle) : 프랑스어로 '아가씨' 라는 뜻으로 미혼 여성을 높여 부르는 말.

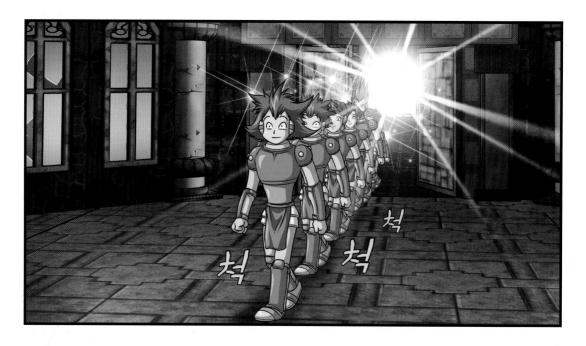

저게 뭐냐…?

아~ 예, 특별히 헤어쇼 스타일로 준비해 봤는데… 어떠신가요? 먼저 헤어 모델들이 입장하고 있습니다.

그러니까…, 경비병들이 근무는 내팽개치고 저딴 거나 연습했다 이거지…!!

아주 세트로
생쇼를 하는구나!

그래도…
은근히 기대
되는걸~.

*봉쥬르~ 앤디!
헤어 스타일리스트
〈소피 슈미〉,
인사드려요.

*봉쥬르(bonjour) : 프랑스어로 '안녕하세요' 라는 뜻.

그리고 이쪽은 마법 파트를 담당하고 있는 〈미쉘 몽짜〉예요~.

내 머리…, 사람 머리로 고쳐놓을 수 있는 거지?

그러니까… 고객님의 머리카락은 전문용어로 '돼지털'이라 불리는…. 뭐랄까, 대단히 까다로운….

네가 이 지경으로 만들었잖아, 이 웬수야!

버럭

아, 이런 분위기 속에선 좋은 작품이 나오기 힘든데….

영주님, 이왕 머리를 맡기기로 하신 거, 소피 슈미의 기분을 좀 맞춰주시는 게….

맞추긴 뭘 맞춰?!
내 머리만 해결해 놔!
그럼 네 소원은 뭐든지
들어줄 테니까!!

사실… 얘네가
제 친구들인데요.
*수배에서 풀어
주실 수 있나요?

WANTED

헉!

이미
듀나스 영주에게
꼬맹이들을
잡아주기로
약속했는데….

아냐,
일단 머리부터
해결하고 보자.
지금 이것보다
더 중요한 게
뭐가 있겠어?!

알았다!

그리고
한 가지 더
있는데….

지하 감방에 갇힌 주카란
애도 제 친구거든요. 걔도
풀어주셨으면….

오냐, 다 풀어줄 테니
어서 내 머리나
빨리 해결해 줘!

송맛사

수배 : 경찰이 죄짓고 달아난 사람을 찾는 것.
길거리에 똥스턴을 수배하는 전단이 붙었는데, 잡아오면 엄청난 보상이 있대.
돈? 아니, 구미호 목도리….

x

81

*메르시 보꾸~!!

그래, 멸치볶음도 얼마든지 먹여주마. 그러니 어서…!!

*메르시 보꾸(Merci beaucoup) : 프랑스어로 '매우 감사합니다' 라는 뜻.

미셸, 준비됐나요?

오케이, 소피!

자, *시술
들어갑니다!

시술 : 의술이나 최면술 따위의 술법을 베풂.

송맛사

시술 끝났습니다, 고객님. 내 머린 그대론데…? 고객님, 저는 슈미가 아니라 바우이고,
제가 시술한 건 머리가 아니라 얼굴입니다. 성형수술이 성공적이지 못해 매우 안타깝군요.

*83

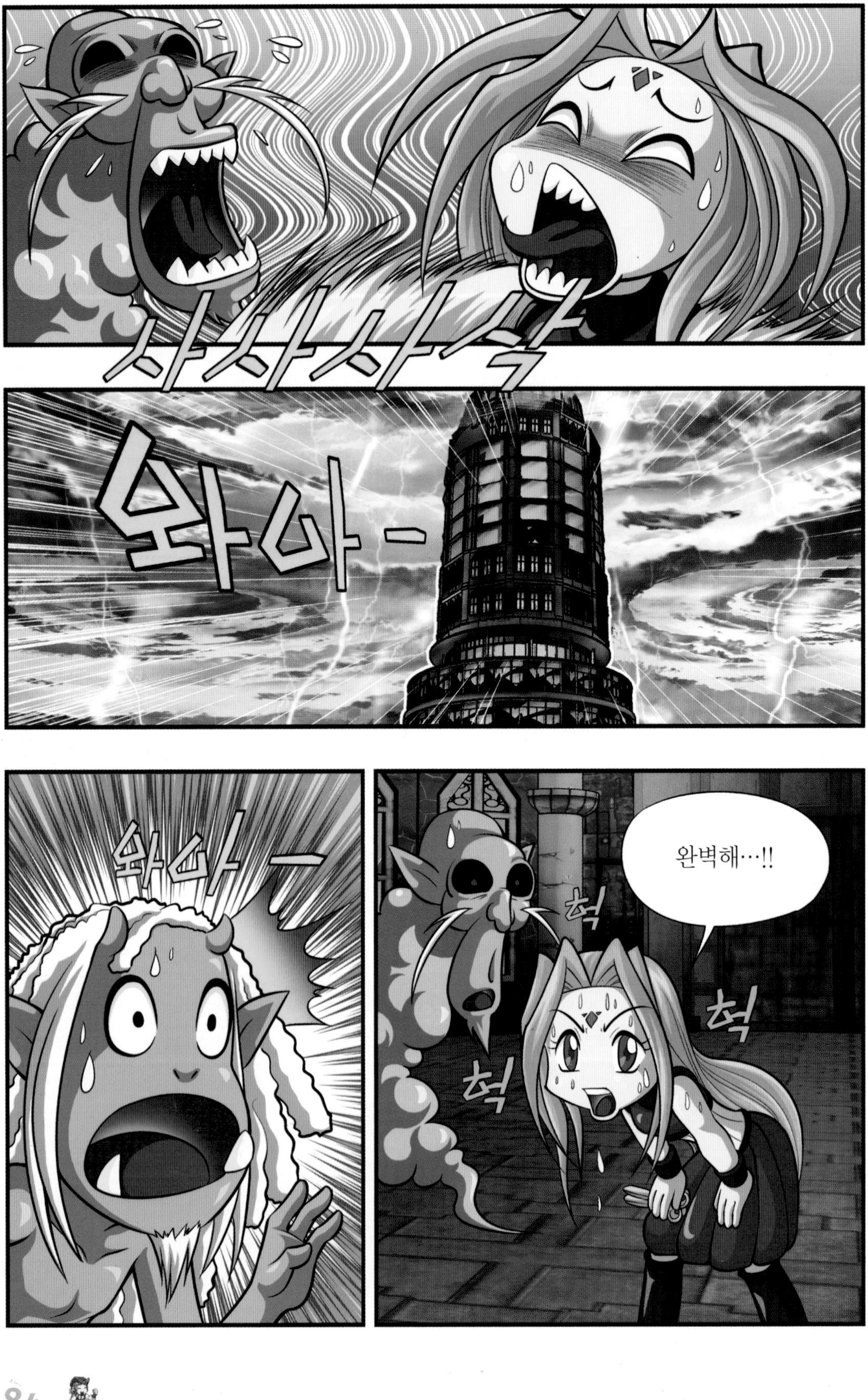
사사사사삭
와아-
와아-
완벽해…!!
헉
헉
헉

아…! 이건 모든 남성들이 그토록 원한다는 *전설의 헤어 스타일 〈볼륨 울프드래곤 레이어〉!

이젠 영주님의 것이에요!

송맛사 *전설 : 옛날부터 사람들 사이에 전해 내려오는 신기한 이야기.
〈구미호의 전설〉이란 동화책 말야~, 정말 황당하더라. 구미호가 사람의 간 천 개를 먹으면 사람이 된다고?
흥! 그럼 난, 내가 좋아하는 돼지순대랑 간을 천 개도 넘게 먹었으니까 이제 돼지가 되겠네? 그럴지도….

고맙다, 슈미! 사랑한다~!

너도 사랑한다, 헹키. 그리고 나의 병사들도 모두 사랑한다!

세상의 모든 생명들이여! 사랑한다~!!

바람 쐬시게 창문 좀 열어 드릴까요?

활짝 열어라! 휘몰아치는 바람을 정면으로 맞으며 〈볼륨 울프드래곤 레이어〉의 머리카락을 흘날리는 것이야말로 세상 모든 남자들의 꿈 아니겠어?

모두들 내 머리를
찬양하라~!!

코메짱 〈코믹 메이플스토리〉를 보고 있으면 화가 나는 순간에도 갑자기 웃음이 나와요.
작가님들~ 이렇게 재미있는 책을 만들어주셔서 감사합니다! 〈코믹 메이플스토리〉보다
재미있는 책은 절대 없을 거예요!^^ (박주영 | 광주광역시 북구 오치동)

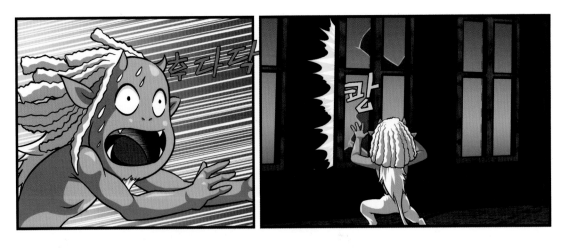

왜?

가… 가… 감기
드실까 봐서요.

쳇~,
별걱정을 다하네.
거울이나 다시
좀 볼까?

 위의 빈 말칸에 깜짝 놀랐나요? 앞뒤의 내용을 읽고 상상력을
발휘해 송도수 작가님이 쓰신 대사를 맞혀보세요!
송도수 작가님 대사는 90쪽에 있어요!

89

너무 조용한 게
더 무서워.

이럴 때가 아냐.
빨리 도망가자!

 거울이? 아님 보석 같은 내 얼굴이?

단체로 어딜 그렇게 급히 가시나?

하아~

고, 고객님. 시술 과정에서 약간의 실수가 있었던 것 같은데, 다시 한번 기회를 주시면….

아니야, 됐어.

염려했던 것보단 기분이 괜찮으신 것 같다~!

제 생각엔 무스 발라 뒤로 넘기면 새로운 스타일이….

그것도 괜찮겠군.

〈코믹 메이플스토리〉는 다음 편이 무척이나 기대되는 책입니다. 드라마처럼 궁금하고 중요한 순간에 끝이 나는…! 그래서 언제나 두근거리는 마음으로 다음 이야기를 맞이한답니다.
(공현종 | 울산광역시 중구 약사동)

하지만 그 전에 슈미가 저지른 〈약간의 실수〉에 대해 〈약간의 벌〉을 내려야 할 것 같아.

아, 네….

싸늘

삑삑

나한테 벌준대.

내가 있잖아~. 중음의 암흑 에너지 걱정은 안 해도 돼.

삑삑

아마… 걱정해야 될걸?

씨익

고객님, 제가 그곳 출신이라고 이미 말씀드렸….

풋

헹키, 잠깐만 이쪽으로…!

? 척

커척

피팍

마지지직

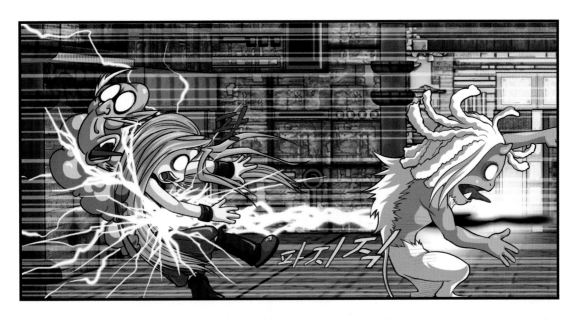

헹키는 평생을
백마법만을 수련해온
백마법사다!
나의 암흑 에너지가
헹키의 몸을 통과하면
백마법 기운에 싸여
나오게 되지.

말하자면 하얗게 포장된
암흑 에너지라고나 할까?
훗~, 이런 방법이 있을
줄은 몰랐을걸~.

영주님께…
충성을 다해온 저를…
왜…?

바로 그거야! 주인을 위해
목숨까지 바치는 것! 그게
바로 진정한 충성이지.

그리고 너희들…!
내 머리가 어떤지 솔직히
말해 봐!

거기
너부터!!

머, 멋있으십니다!

거짓말쟁이!

휴, 흉하십니다.

너!

건방진 놈….

이번엔 누구로 할까?

킬킬킬~, 내가 무섭냐?

머리가 망가졌다고 저렇게 망가지다니….

코메짱 도도와 아루루가 변치 않는 우정으로 서로를 아끼며 돕는 모습이 제가 〈코믹 메이플스토리〉에 빠져드는 이유랍니다. (구인서 | 충남 아산시 신창면)

앞으로 네오시티의
모든 머리는 이걸로
통일한다!
남자든 여자든
무조건 요렇게
깎는 거야, 알겠나?

옛!!

그리고 앤 지하 감방에
처넣어! 내버려둬도
죽겠지만 혹시 살아나면
주카랑 함께 사형시켜
버리겠다!

주, 주카 님과
결혼하시려는 것
아니었습니까?

이 머리를 하고
결혼을 어떻게 해!!
이제 다 필요 없어!
모조리 없애버릴
테다!!

슈미야!
어, 어쩌다가…?!

아는 분이세요?

응, 로비. 어서
치료 좀 해줘!

네!

웬수님의 손바닥을
아는 분 가슴에
대어보세요.

쯧쯧, 틀렸어요.
심장을 크게 다쳤네요….
안됐지만 오늘을
넘기기 힘들….

안 돼, 무슨 일이
있어도 살려야 해!!

코메짱

멋진 친구들의 스릴 넘치는 모험을 읽고 있으면 정말 감격스러워요.
서정은 작가님과 송도수 작가님, 항상 힘내시고 파이팅하세요!!^^
(백윤호 | 대구광역시 달서구 상인1동)

걱정 마라, 내가 치료해보마….

영감님은 앤디의 오른팔….

영주님의 공격을 받기 전까진…, 나도 그렇게 믿고 있었지.

영감님…, 제발 제 친구 슈미를 살려주세요!!

나의 기운을 빌린 공격이었으니, 내가 치료할 수 있을 게다.

영감님도 많이 다치신 것 같은데….

맞아요, 저분은
*치명상을 입었어요.
치료를 끝내고 나면
*탈진하여 숨을
거둘지도 몰라요.

천하에 못된 안난뚱!!
어떻게 자기 오른팔을
공격할 수가 있어?
제정신이 아닌 게
확실해!!

*치명상 : 목숨이 위험할 정도의 큰 상처.

꼬맹이들을
얼른 잡아들여!
분풀이 대상이 필요하단
말이다!!

크아아아아

WANTED
2억 매소

WANTED
2억 매소

WANTED

WANTED

송맛사

탈진 : 기운이 다 빠져 없어지는 것.

너무 굶었더니 탈진해서 숟가락 들 힘도 없었는데… 겨우 들었네!

바우야…, 그건 숟가락이 아니고, 200kg짜리 대형 국자거든.

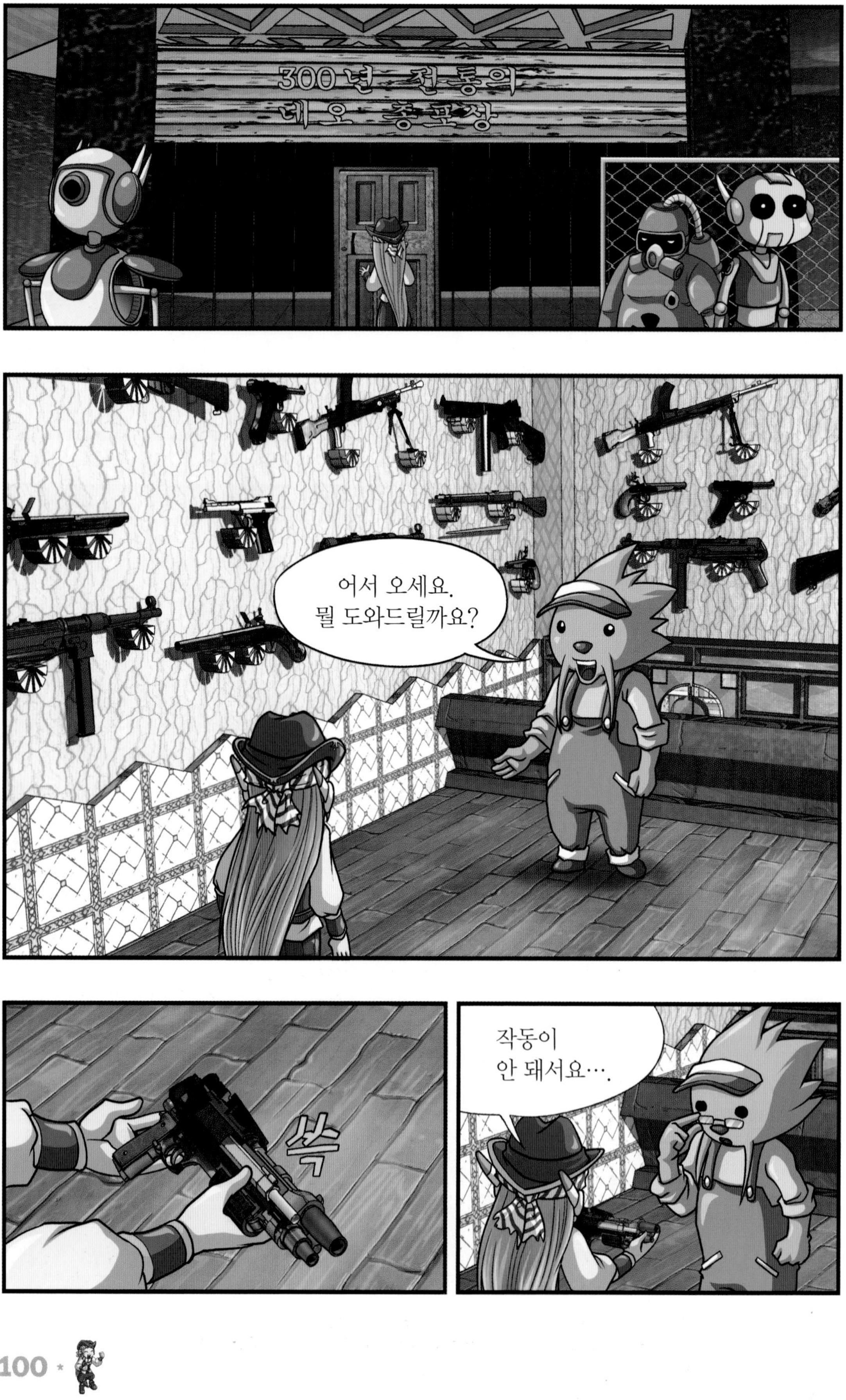
300년 전통의
네오 총포상
어서 오세요.
뭘 도와드릴까요?
쓱
작동이
안 돼서요….

이, 이렇게 귀한 총을…!
이건 3백여 년 전 활동했던
전설의 건스미스 흑저의
작품이 틀림없습니다.

정체가
들통나지 않도록
조심해야 해.

그…
그런가요?

역시 흑저 님의
솜씨답군요. 〈영혼철〉을
소재로 이렇게 섬세한
작업을 하시다니….

그런데
어디가 고장난
걸까요?

고장이 아닙니다.
영혼철에 대해 잘
모르시나 보군요.

네…, 영혼을 지닌 신령한 금속
으로서 주인의 마음을 읽을 수
있다는 것과 총과 주인이 하나
될 때 엄청난 힘을 발휘한다는
것 정도만 알고 있어요.

아주 중요한 것을
빠뜨렸네요.

〈코믹 메이플스토리〉는 아무리 읽어도 질리지 않고 정말 재미있어요.
또 '송도수의 씹을수록 맛있는 우리말 사전' 덕분에 저의 어휘력이 더욱 더 높아졌답니다.
(김두원 | 경기 용인시 기흥구)

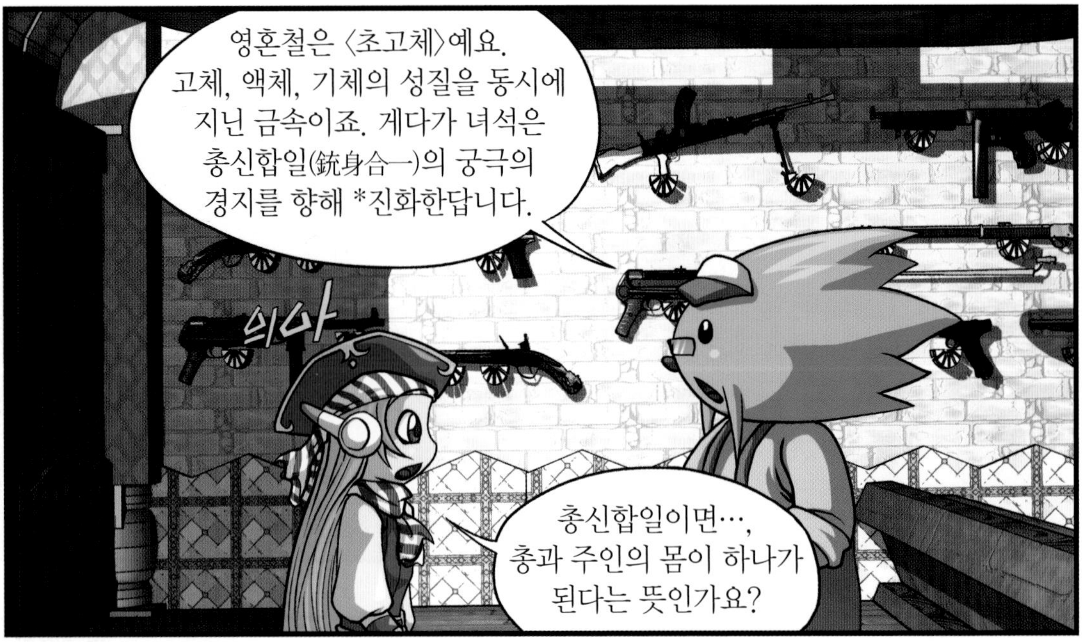
영혼철은 〈초고체〉예요. 고체, 액체, 기체의 성질을 동시에 지닌 금속이죠. 게다가 녀석은 총신합일(銃身合一)의 궁극의 경지를 향해 *진화한답니다.
의아
총신합일이면…, 총과 주인의 몸이 하나가 된다는 뜻인가요?

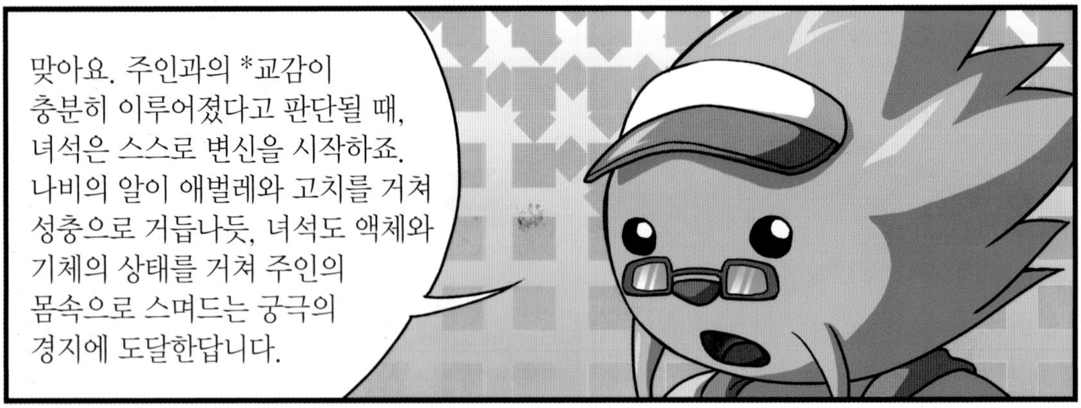
맞아요. 주인과의 *교감이 충분히 이루어졌다고 판단될 때, 녀석은 스스로 변신을 시작하죠. 나비의 알이 애벌레와 고치를 거쳐 성충으로 거듭나듯, 녀석도 액체와 기체의 상태를 거쳐 주인의 몸속으로 스며드는 궁극의 경지에 도달한답니다.

*교감 : 서로 맞닿아 통해지는 느낌.

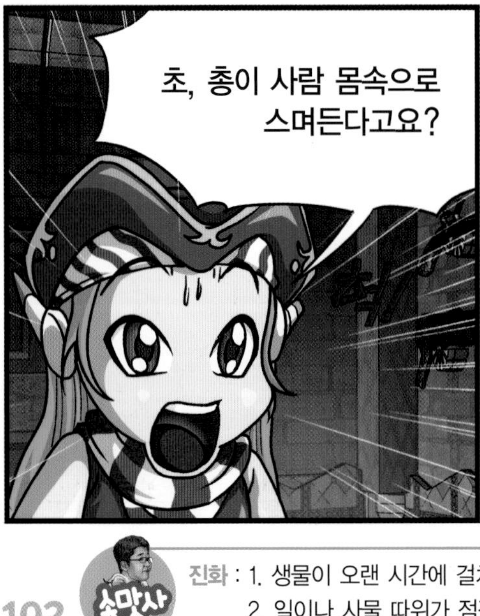
초, 총이 사람 몸속으로 스며든다고요?

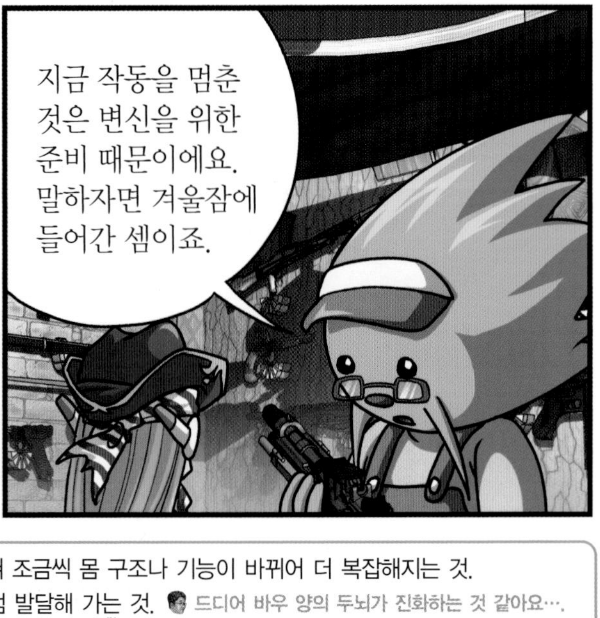
지금 작동을 멈춘 것은 변신을 위한 준비 때문이에요. 말하자면 겨울잠에 들어간 셈이죠.

송맛사

진화 : 1. 생물이 오랜 시간에 걸쳐 조금씩 몸 구조나 기능이 바뀌어 더 복잡해지는 것.
2. 일이나 사물 따위가 점점 발달해 가는 것. 드디어 바우 양의 두뇌가 진화하는 것 같아요…. 눈이 초롱초롱 빛나면서…. 정말이요? 너 방금 밥 먹었지? 응!

그 준비 기간이
얼마나 걸리는데요?

아주 짧을 수도 있고
백 년이 넘을 수도
있어요. 그건 영혼철이
결정할 문제죠.

영혼철이 결정할
문제라고?

철

총이 몸속으로 스며
들면… 어떤 일이
벌어지나요?

그건….

저도 잘 몰라요.
이런저런 전설 같은
얘기들이야 있지만….
결국 경험해 봐야
안다고 할 수밖에요.

뭔가 숨기는
눈치야.

영혼철에 대해 더 알고
싶다면 잠깐만 기다리세요.
관련된 책이 어디
있을 거예요.

아,
괜찮아요.

코메짱 우리 아이는 〈코믹 메이플스토리〉에 푹 빠져있어요. 그래서 책을 읽을 때는 무슨 말을 해도 듣지 못하지요! (김경록 어린이 어머니 | 경남 창원시 반림동)

친구들이 기다리고 있어서요. 시간 날 때 또 들를게요.

변신을 시작한 영혼철이라⋯. 나도 책에서나 읽었지, 실제로는 처음 보는군.

저런 연약한 안드로이드가 과연 버텨낼 수 있을지⋯.

카이린, 어디 갔다 와?

응, 잠깐
화장실에….

카이린이 왔으니까
하던 얘기 계속하자.

앤디의 〈위험한 타워〉
에는 출입문이
아예 없다는 데까지
얘기했었지?

문이 없다면
어디로 다녀?

그렇다면
혹시…?

맞아!
마법진에 의한
순간이동이야!

*폐쇄적 : 외부와 통하거나 교류하지 않는.

완전히 꽁꽁
숨어 있구나!

인공뇌운도 그렇고….
앤디라는 녀석,
엄청 *폐쇄적인
성격인가 봐.

너무 걱정할 것 없어.
내가 마법 코드를
*해킹해낼 테니까!

송맛사

해킹 : 인터넷을 통해 남의 컴퓨터에 몰래 들어가서 프로그램을 망가뜨리거나 자료를 빼내는 일.

🐸 주카, 지금부터 네 마음을 해킹하겠다!　🐲 소용없어요. 이미 백신 프로그램을 깔았거든요.

🐸 그게 뭐지?　🐲 아루루만 바라보는 특별 프로그램!

마법 코드를
해킹할 수 있어?

일행 중에 마법사가
있으니까 너무 좋다!

마법사라고 다 같은
줄 알아? 델리키 얘는
가짜세계수가 심혈을
기울여 키운 마법
천재라고!

단, 누구 하나가
희생해줘야 해!

어리둥절

?

우리 중 한 사람이
병사들에게 체포되어 마법진을
타고 위험한 타워로 들어가야
된다는 뜻이야.

순간이동이 일어나는
그 순간, 내가 접속해서
마법 코드를
해킹해 낼 거야.
방법은 그것뿐이야!

그럼 체포된
사람은…?

벼, 별일이야
있겠어?
우리가 금방
들어가 구출해
낼 텐데···.

오빠,
왜 그런
말을 해?

사실대로
말한 것
뿐이야!

아니, 그렇지 않아.
위험한 타워 어느
곳에 갇혔는지
모른다면 구출은
오래 걸릴 수도
있어.

내가 갈게!

아니, 내가···!!

밥만 주면
내가 갈게!

그렇게 해결할 문제가
아닌 것 같아요.

그럼?

짠

제게는 친한 친구이자 선생님인 고마운 〈코믹 메이플스토리〉! 힘든 일이 있었을 때
절 위로해주고, 저에게 그림을 그리고 싶은 동기를 부여해준, 세상에서 둘도 없이
소중한 책이에요! (노원희 | 충북 청주시 흥덕구)

내가 먼저
뽑을게.

당첨!

숙희야,
가만히 있어!

잠깐!! 보지 말고
다시 넣어!

잘 안 섞인 것
같아.

카이린 너는
맨 나중에 뽑아!

그래 봤자
카이린이야.

숙희 너 자꾸
나설래?

어째서 꼭 나야?

왠지는 모르지만,
내 느낌이 그래.

신경쓰지 마세요.
숙희 애도
헛소리 할 때가
많거든요~.

그래,
일단 뽑자.

델리키 넌 왜
안 뽑아?

그럼 해킹은
누가 하냐?

그럼 뚱스턴은?

병사들이
개를 체포
하겠니?

개 아니라니까!

〈코믹 메이플스토리〉를 읽고 있으면 시간 가는 줄도 모르고 자꾸자꾸
다음 권을 기대하게 됩니다~! (남영민 | 부산광역시 해운대구 좌1동)

숙희 말이 맞았네.

갈게.

잠깐!

정말 이 방법밖에
없는거야?

그래!

그럼 내가 간다!

아니, 내가…!

밥만 주면 내가….

그럼 사다리 타기로 다시 할까요? 가위바위보는 어때요?

그만들 해!

뻐럭

내가 그렇게 약해 보여? 이건 우정이 아니야! 기분 나쁘다고!

확

성큼 성큼

 코메장

윤지는 〈코믹 메이플스토리〉 책이 서점에 나오는 날을 손꼽아 기다립니다.
이 책을 어찌나 사랑하는지 읽지 않을 때도 가슴에 꼭 안고 다닐 만큼 아낀답니다.
(오윤지 어린이 어머니 | 대구광역시 달서구 월성동)

*111

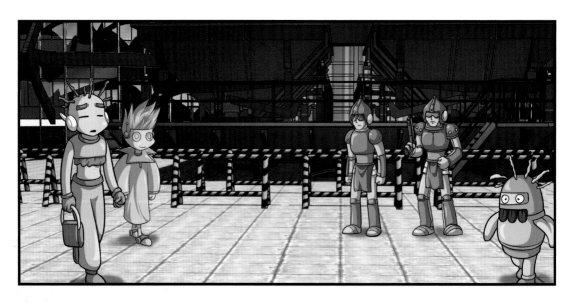

앗, 너는…!

깜짝

꼼짝 마!!

도망치는 것도
이제 지쳤어.
어서 체포해 가!

꼬미
http://cafe.naver.com/ismgadong
〈서울문화사 아동기획팀〉 공식카페로 놀러오세요~!♪

마법진 양탄자
빨리 가져와!

도둑시리즈
3탄
원리를
실험으로
배우고 즐기는
과학학습만화!
실험5종키트
+
과학핵심개념
과학도둑

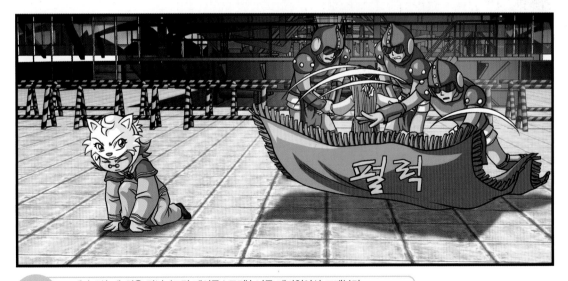

 제가 5살 때 처음 만난 〈코믹 메이플스토리〉! 너무 재미있어서 그때부터
초등학교 4학년이 된 지금까지 계속 열심히 읽고 있어요. 너무 감동적이라 가끔은
눈물이 날 때도 있어요~.^^ (김성우 | 대구광역시 수성구 수성동4가)

이동 준비!!

새책 소개
단어에서 회화까지! 읽기, 쓰기, 듣기, 말하기를 한번에!
영어도둑 ① 워크북+MP3+스토리카드

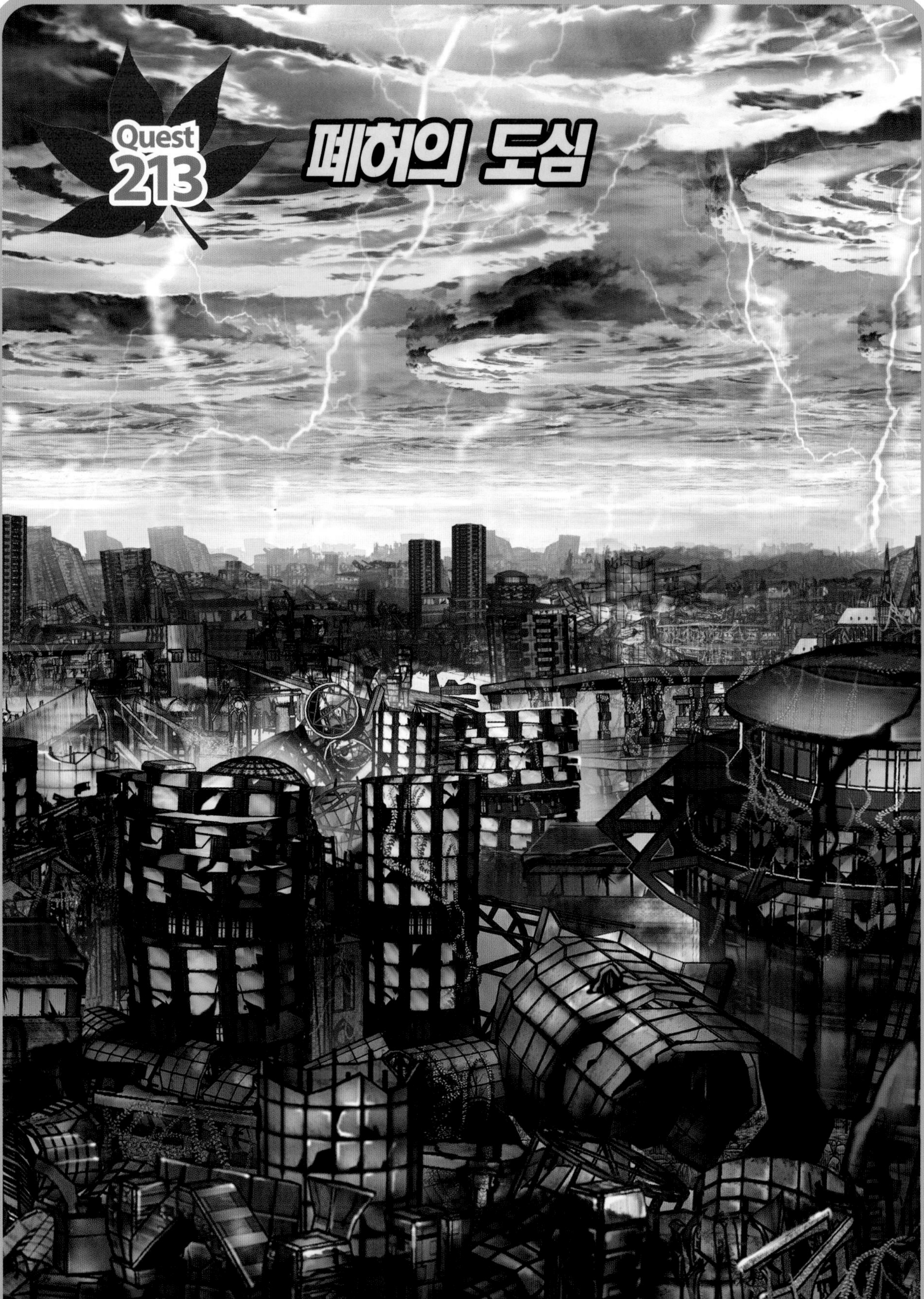
Quest
213
폐허의 도심

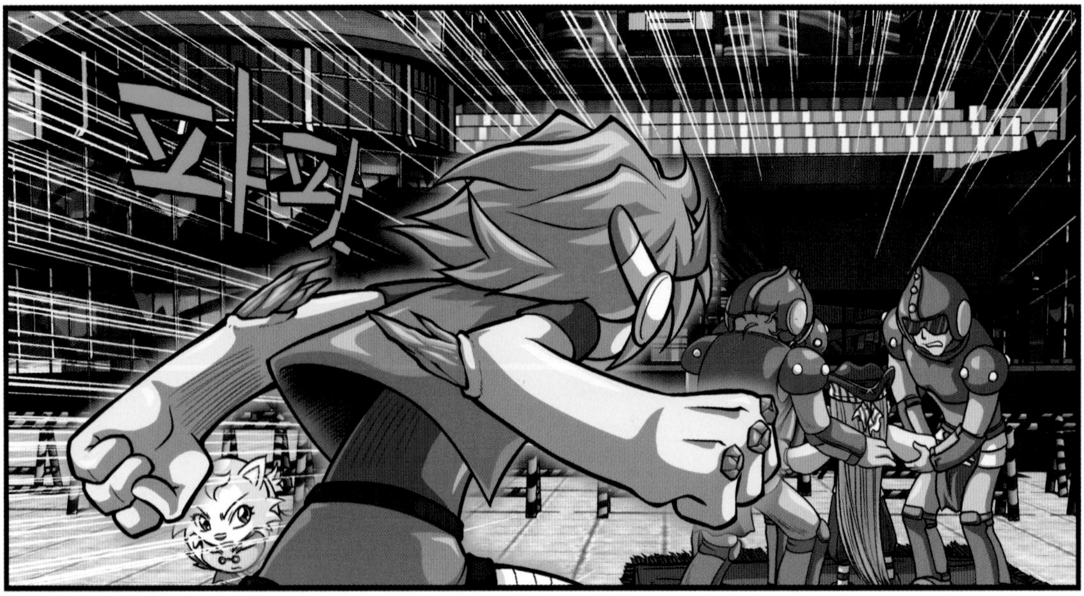
파앗!

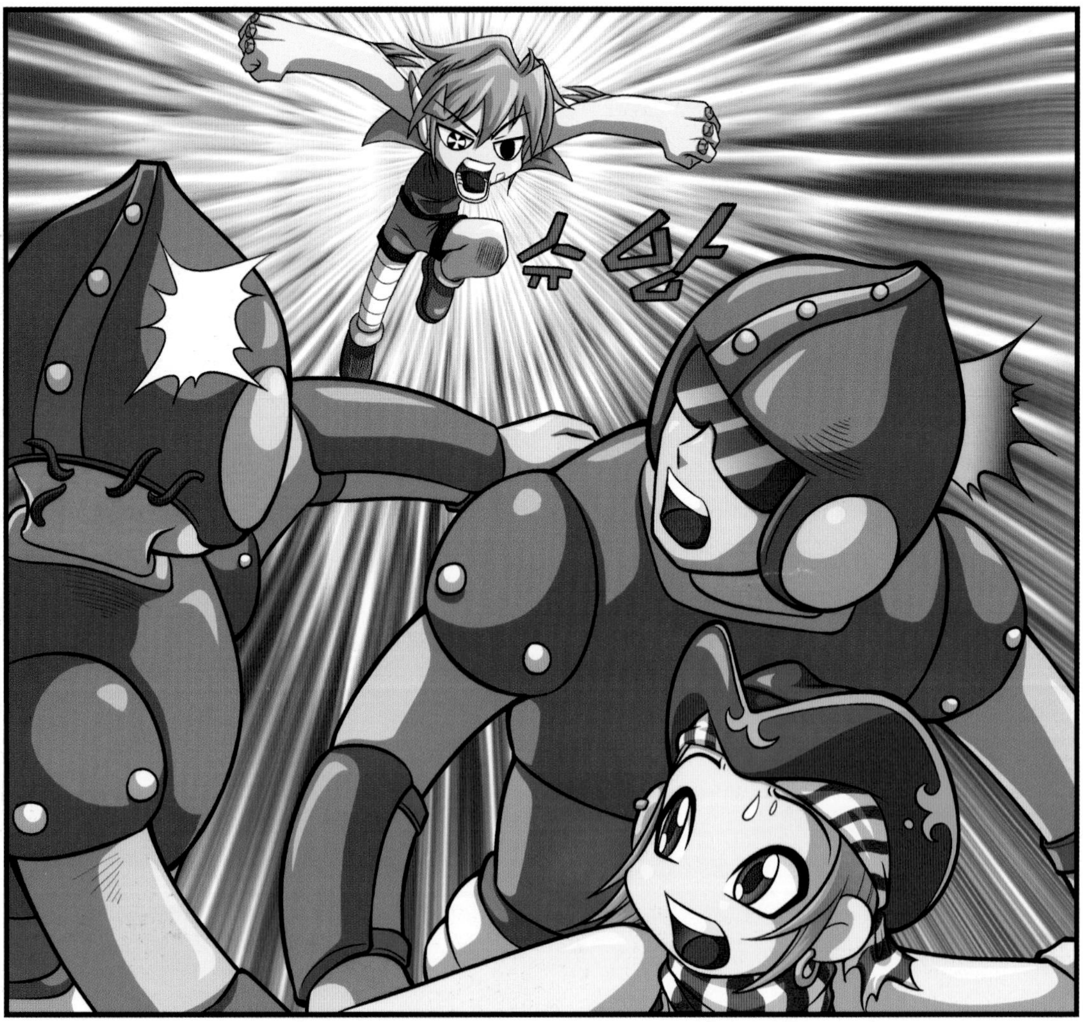
슈앙

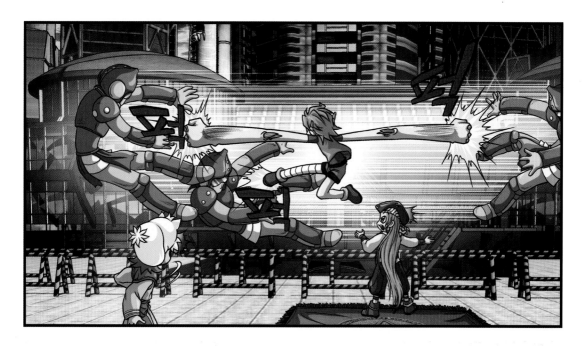

아루루…!!

이 녀석이!!
대체 무슨 짓이야?!

뻐 억

마법진 양탄자만
손에 넣으면 되는 거
아니야?

너! 우리가 지금
겨우 양탄자나 타고
날아가려고 이러는 줄
알아? 순간이동은
최고 레벨의 마법이야!
출발지의 마법진과
도착지의 마법진,
탑승자의 주문!
이 세 가지 마법 코드가
*결합해야 비로소
가능하다고!!

결합 : 서로 다른 것이 합쳐져 하나가 되는 것.
늘씬한 몸매와 뛰어난 외모의 완벽한 결합! 그게 바로 이 라케니스 님이지!
맞아, 그게 바로 성형수술 후의 네 모습이지!

아루루, 너 도대체 왜 그래?

카이린을 엄청 챙기네~?

*사이코메트리 : 시계나 사진 등 특정인의 물건에 손을 대어, 소유자에 관한 정보를 읽어내는 심령적 행위.

형…!

숙희가 *〈사이코메트리〉를 좀 하니까, 양탄자의 *〈잔존사념〉을 스캔해 전송할 수 있을 거예요. 거기서 형이 마법 코드를 *추출해 보면….

흠칫

*잔존사념 : 남아 있는 생각.

*추출 : 전체 속에서 어떤 물건, 생각 따위를 뽑아내는 것.

그런 어림짐작으로는 안 돼. 코드가 조금만 안 맞아도 엉뚱한 곳으로 이동해 버린다고!

애네 지금 무슨 얘기 하는 거니?

넌 그것도 모르냐? 밥 먹고 하잔 거잖아!

알았으니까, 뭐든지 하려면 빨리 해!

삐질 삐질

이런!!

축!

일단 타!

후다닥

시간이 없어,
빨리 스캔해!!

 〈코믹 메이플스토리〉를 읽다 보면 슬픈 일은 사라지고, 어느새 책 속으로
빠져들고 있는 저를 발견해요. 신기하고 재미있는 〈코믹 메이플스토리〉 파이팅!!
(문서찬 | 경기 화성시 봉담읍)

*119

좀 더 *선명하게
해봐! 좀 더!!

끄응

이제…
모든 게
끝….

화

선명하다 : 모습이나 기억 등이 산뜻하고 뚜렷하여 다른 것과 혼동되지 아니하다.
서비스센터죠? 오늘은 아침에 일어나 컴퓨터를 켰더니 화면이 아주 **선명**했어요.
고객님, 근데 전화는 무슨 일로…? 그냥 그렇다고요.

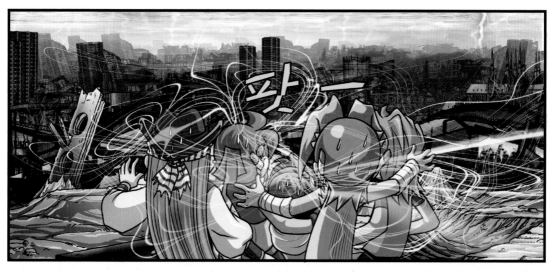

코메짱 〈코믹 메이플스토리〉는 주인공들이 협동해서 적을 물리치고, 항상 서로를 위해 주는 이야기가 담긴 책이라, 정말 좋은 책이라고 생각해요. 전 책을 읽을 때마다 항상 감동을 받는답니다. (구태훈 | 부산광역시 영도구 영선동)

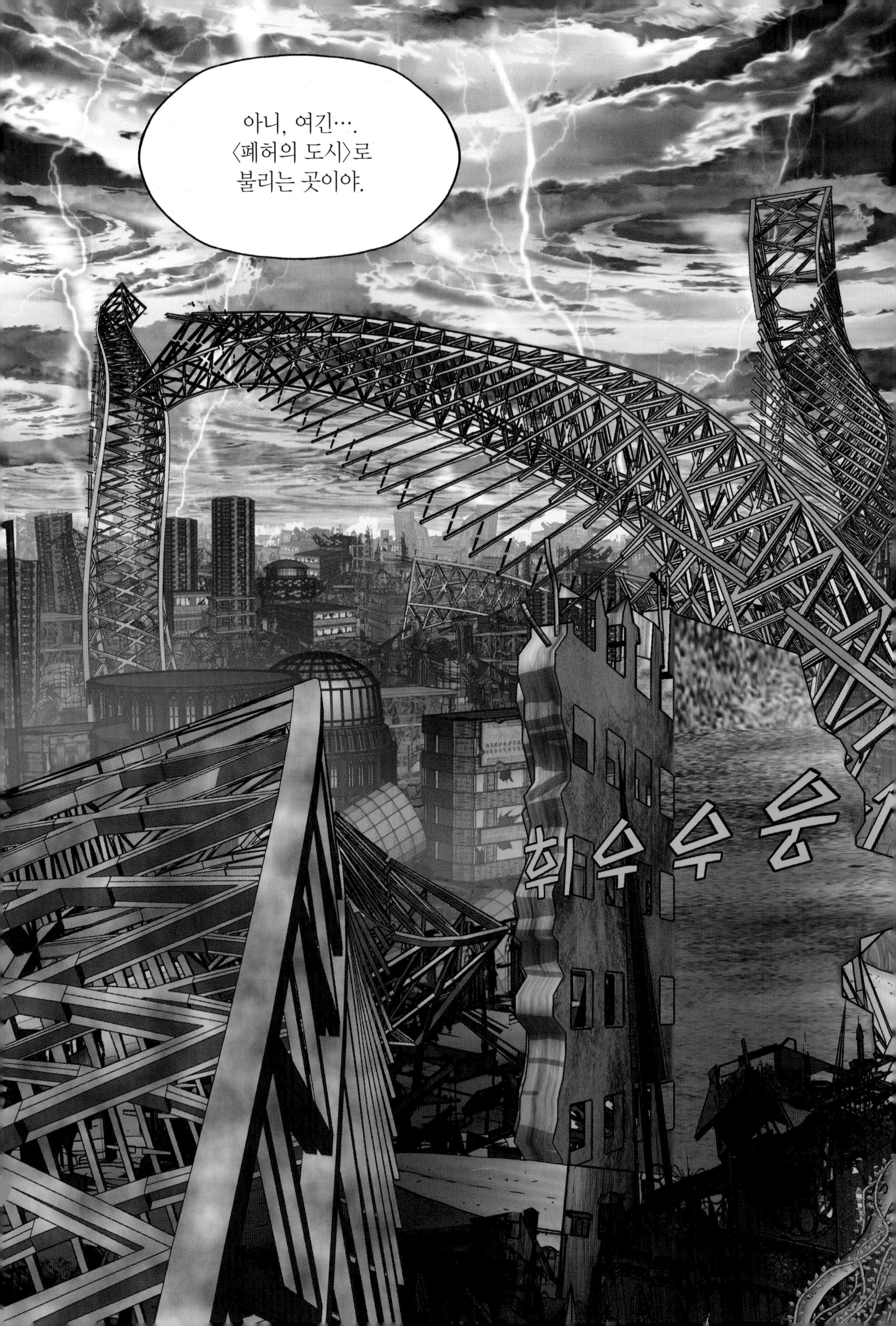
아니, 여긴…. 〈폐허의 도시〉로 불리는 곳이야.
휘수우웅

핑크빈 제국의 외계인들이 떠난 후, 메이플 월드는 안드로이드 지휘관들의 땅따먹기 전쟁터로 변했어. 그 과정에서 수많은 메이플 주민들이 희생됐고…, 여기는 그 흔적이 남은 곳 중 하나야.

시간을 거슬러 되돌아갈 수만 있다면 무슨 수를 써서라도 외계인의 침략을 막아내겠어!

물론이지! 이런 비참한 미래를 맞이 할 순 없어!

그런데… 여기서 위험한 타워엔 어떻게 찾아가지?

한 번만 더 양탄자의 〈잔존사념〉을 스캔해줘. 이번엔 정확한 코드를 찾아야 해!

그 전에 저기부터…!!

코메장 〈코믹 메이플스토리〉는 미라가 속상해하며 울고 있을 때 울음을 멈추게 하는 비장의 아이템이에요.^^ (박미라 어린이 어머니 | 경북 구미시 옥계동)

*123

저건 또 뭐야?

앤디의 〈암슈트 부대〉야! 안드로이드 경비병들하곤 차원이 다른 녀석들이지!

나를 따르라-!!

싸앵-

후다다닥

쯧쯧, 싸워 보지도 않고 도망갈 생각부터 하다니….

후다다닥

촤앙

하지만 난 달라!

코메짱

두 달에 한 번이 아니라 매주 〈코믹 메이플스토리〉를 볼 수 있으면 좋겠어요.
하지만 그러면 작가님들이 너무 힘드시겠죠~?^^ (저희도 힘들어요.ㅋㅋ – 편집부)
(김민희 | 서울시 구로구 구로1동)

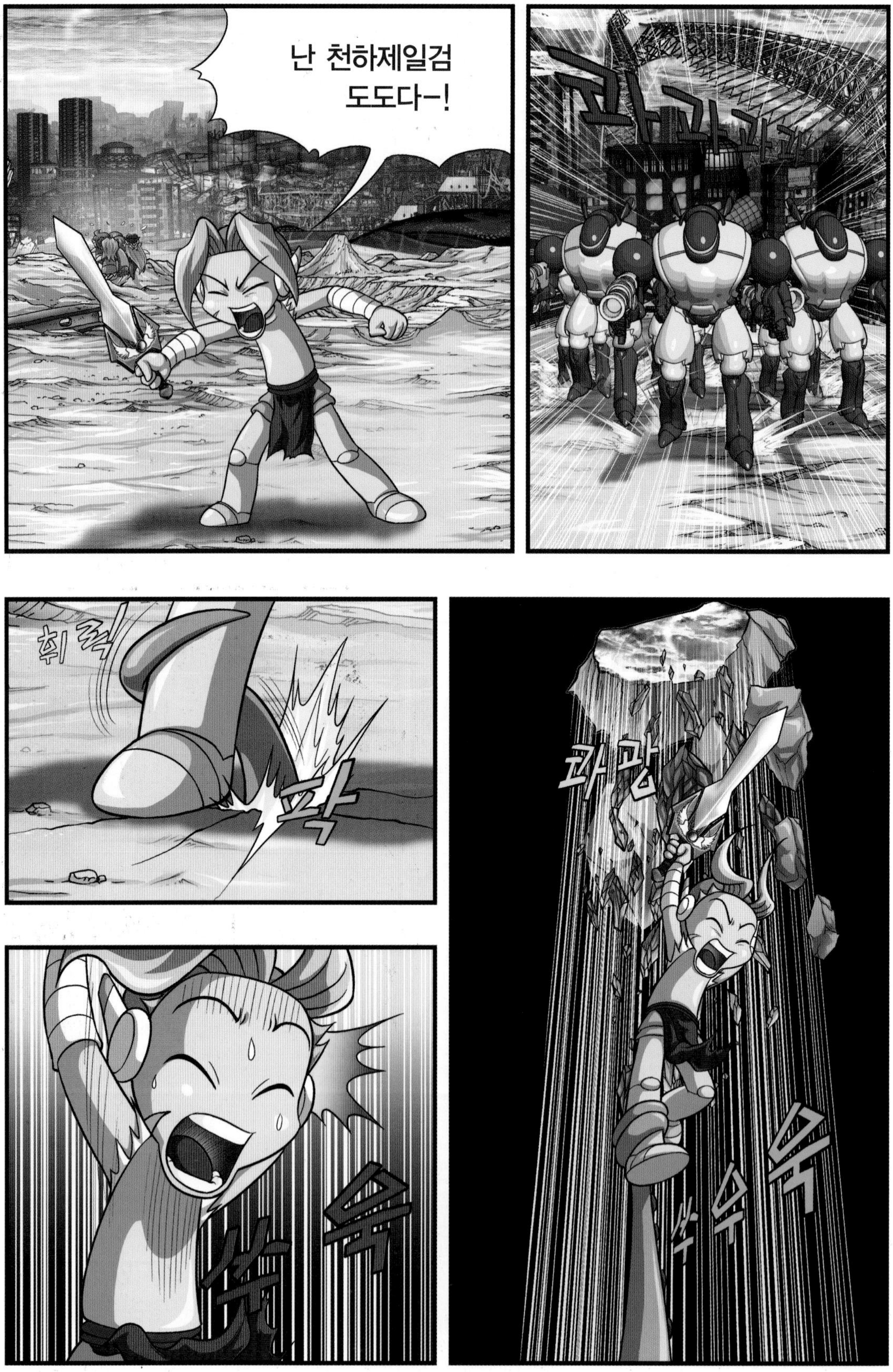
난 천하제일검
도도다-!
콰과과과
휘릭
팍
콰광
쑤욱
쑤우욱

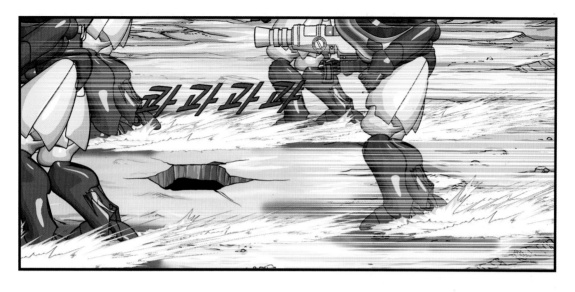

도도 형이
안 보여요!!

걔가 원래 도망칠 땐
엄청 빨라!!

설마 잡힌 건
아니겠지?

일단 여기서
흩어지자!
적을 *따돌린 후
다시 만나는 거야!

알았어!!

송맛사

따돌리다 : 1. 싫은 사람을 일부러 멀리하거나 떼어 버리다.
　　　　　2. 뒤쫓거나 따라오는 사람이 따라잡지 못할 만큼 앞서 나가다.
　　친구들이 왜 날 따돌리는 걸까? 그 이유를 전~혀 모르겠어.　　그래서 따돌리는 거야….

1*분대 왼쪽,
2분대 오른쪽,
3분대는 나를 따른다!

*분대 : 한 부대를 여러 부대로 나눔.

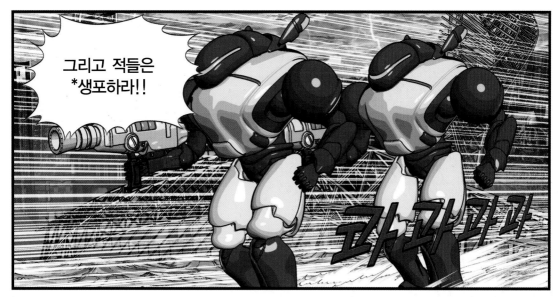

그리고 적들은
*생포하라!!

꽈 꽈 꽈 꽈

*생포 : 산 채로 잡음.

누나, 바짝
쫓아오고 있어요!

꽝

꽈 꽈 꽈 꽈

짝

!

〈코믹 메이플스토리〉는 한 장 한 장 넘길 때마다 제 가슴을 두근거리게 만드는
신기한 책이에요!^^ (전병현 | 경기 광명시 철산1동)

설마 이걸로 재네를 따돌릴 수 있다고 믿는 건 아니겠죠?
잔말 말고 꽉 잡아!
킬킬, 장난하냐~?!
촤앙-
깜짝
촨
촨
촨

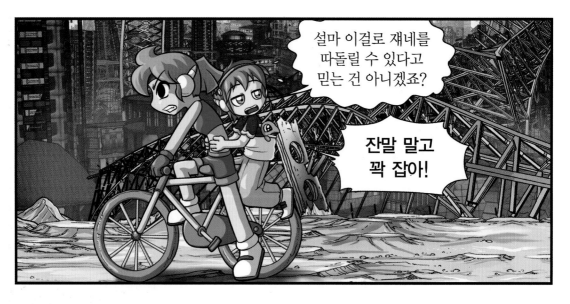

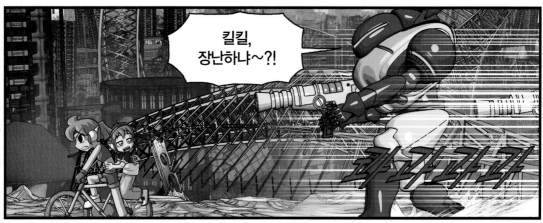

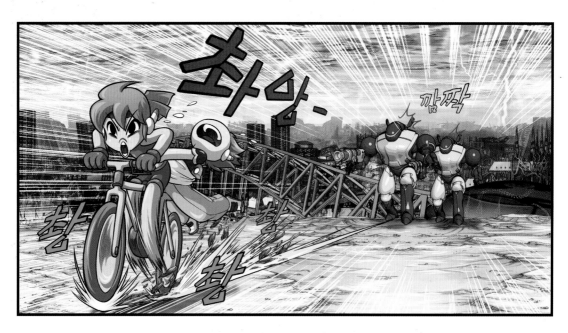

저거…
자전거 맞아?

숙희야, 이거
마법 힘이지?

아니,
허벅지 힘!!

오빠, 뒤에…!!

훗, 하늘이
돕는군.

〈코믹 메이플스토리〉로 오랜 시간 동안 많은 웃음을 주셔서 정말 감사하고요~,
앞으로도 쭉~ 많은 웃음 주시길 부탁드려요! 〈코믹 메이플스토리〉 파이팅!!
(윤주원 | 경기 과천시 문원동)

화니

http://cafe.naver.com/ismgadong
〈서울문화사 아동기획팀〉 공식카페로 놀러오세요~!♪

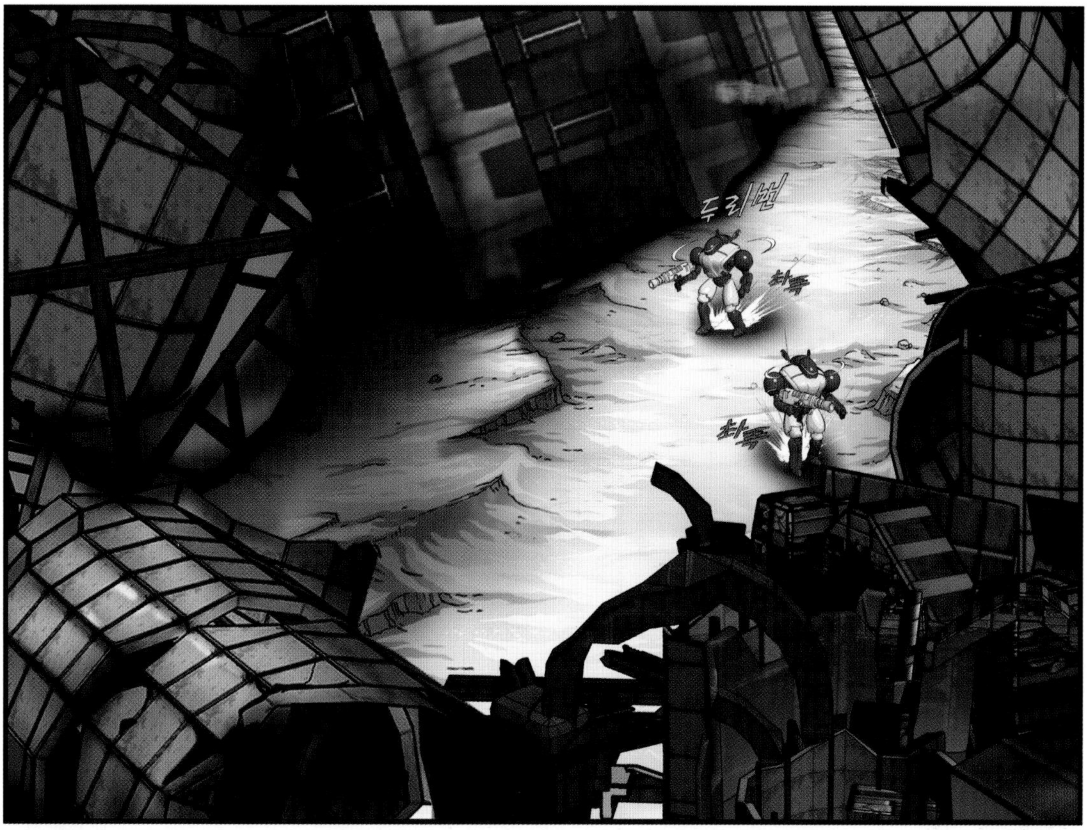
두리번

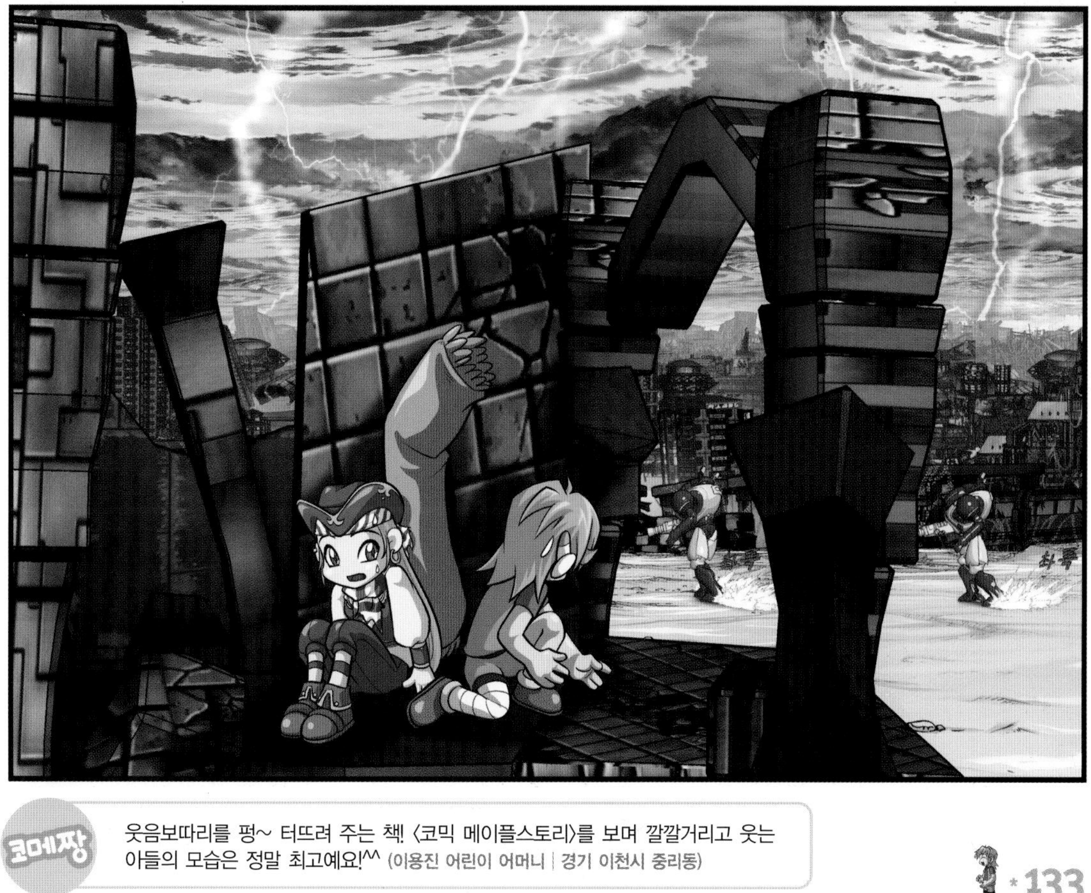

코메짱

웃음보따리를 펑~ 터뜨려 주는 책! 〈코믹 메이플스토리〉를 보며 깔깔거리고 웃는 아들의 모습은 정말 최고예요!^^ (이용진 어린이 어머니 | 경기 이천시 중리동)

들키면
어떡하지?

글쎄….

까짓 거, 싸우면
되지 뭐!

근데 나… 샷건이
작동되지 않아.

걱정 마~.
나 혼자서도
*충분하니까….

아루루….

아까 내가 끌려갈 때…
왜 갑자기 끼어든 거야?

그냥….

충분하다 : 필요한 것이 쓰고도 남을 만큼 넉넉하다.

바우 누나, 밥이 5인분이나 돼서 충분하니까 같이 먹어요.^^

음… 그럼 너는 뭐 먹을 건데?

 저는 〈코믹 메이플스토리〉의 열혈팬이에요. 요즘은 저도 이렇게 재미있는 책을 만들어 보고
싶다는 생각을 한답니다. 원래 잘 안 웃는 편인데 이 책을 보면서 자주 웃게 되었어요.^^
(전재휘 | 경기 남양주시 평내동)

아루루….
울먹
싱긋
스르륵
짠
여기다!!

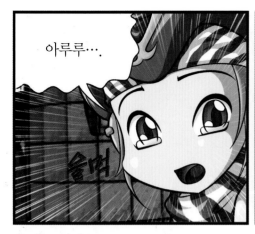

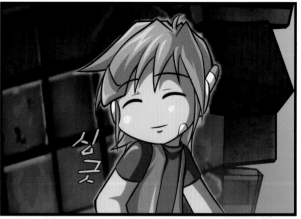

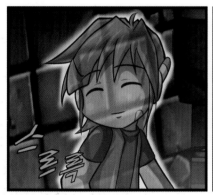

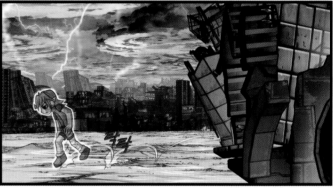

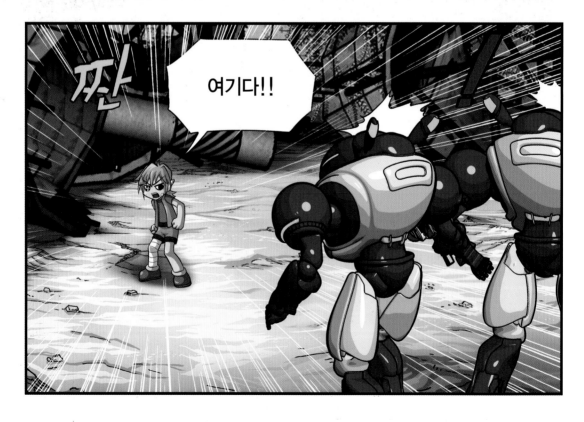

 전 도도처럼 친구들과 친하게 지내고, 어떤 일에도 포기하지 않는 멋진 어린이가
되고 싶어요. 〈코믹 메이플스토리〉 파이팅!! (전민섭 | 경기 수원시 영통구)

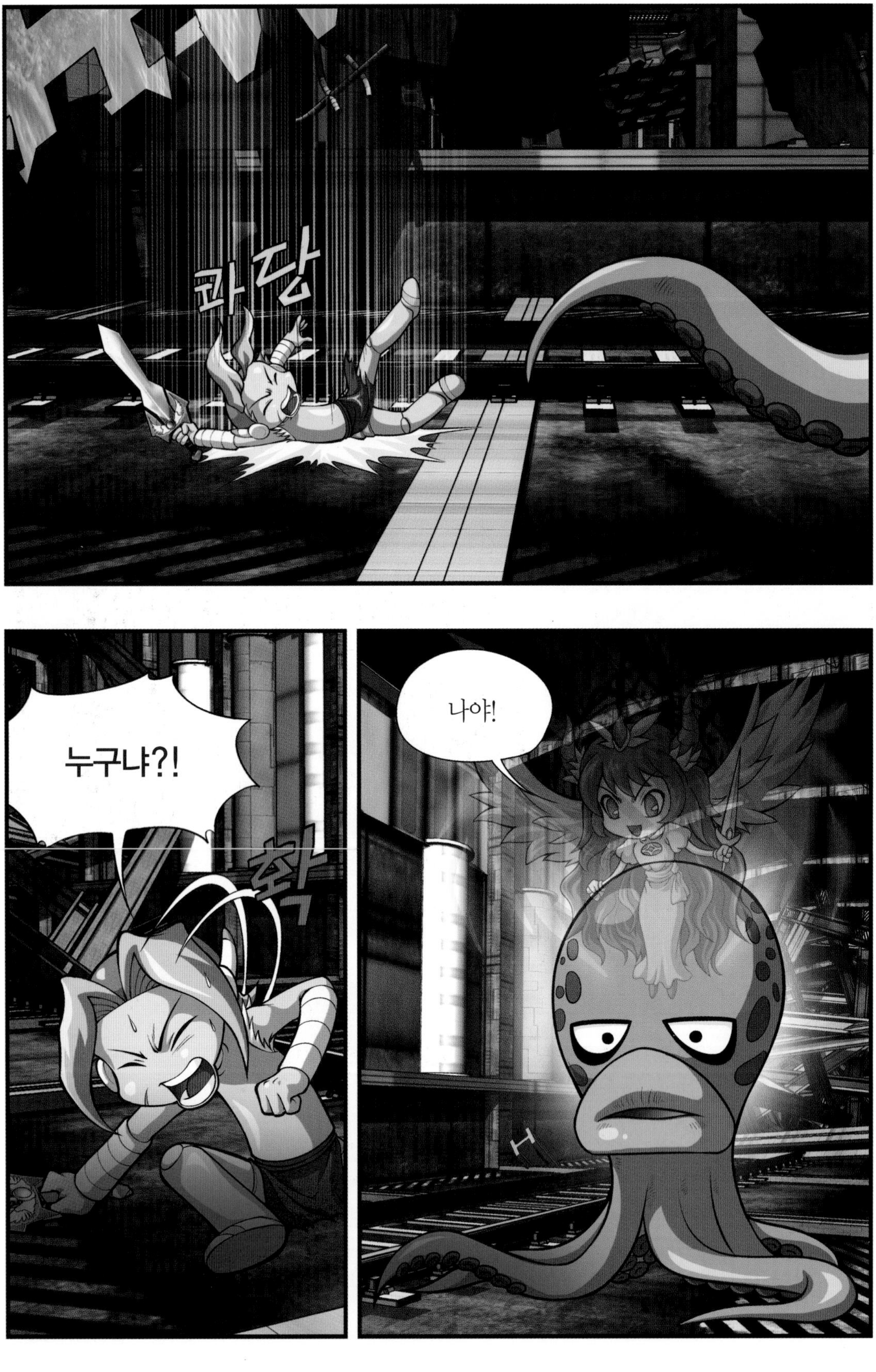
과당
누구냐?!
확
나야!

오베론…?!

내 새로운 몸 어때?

어떻긴… 거지 같다!

동감이야. 하지만 근사한 몸으로 가기 위해 잠깐 쉬어가는 거니까 이 정도쯤이면 괜찮아.

근사한 몸?

쿵!

그래!! 바로 너!

코메짱 〈코믹 메이플스토리〉를 보면서 잠이 들면 꿈속에서 저도 〈코믹 메이플스토리〉의 주인공이 된답니다.^^ (전현빈 | 서울 노원구 상계7동)

하하하~
너 은근히 웃긴다!

델리키한테 당해서
한동안 빙의도
못 할 텐데…
뭐가 어쩌고 어째?!

맞아. 그래서
어쩔 수 없이 의지가
약한 몬스터에 잠시
빙의한 거야!

이봐, 오베론!! 넌 미래시대에
있어서 날 잘 모르나 본데,
난 천하제일검 도도야!
너 같은 몬스터 따위는
한방에 끝낼 수 있다고!!

모르긴 뭘 몰라?
아무한테나 덤비는
네 *무모함 때문에 친구들이
죽기도 하고 가장 좋아했던
에아마저 그렇게
된 것도 다 알아!

깜짝

*무모하다 : 앞뒤를 잘 헤아려 깊이 생각하는 신중함이나 꾀가 없다.

네… 네가
어떻게 그걸…?!

아직도 이해가 안 가?
난 네 몸속에만
들어갔다 나온 게
아니라, 머릿속에도
들어갔다 나왔다고!

그러니 네 약점까지
모조리 알고 있지!
흐흐흐~!

쳇!

약점이라니,
무슨 소리야?!
더 이상 헛소리
못 하게 해주마!

준표가 〈코믹 메이플스토리〉를 통해 사랑과 우정을 배우고 느낄 때 뿌듯하고
책을 산 보람을 느낀답니다. (심준표 어린이 어머니 | 부산광역시 영도구 동삼1동)

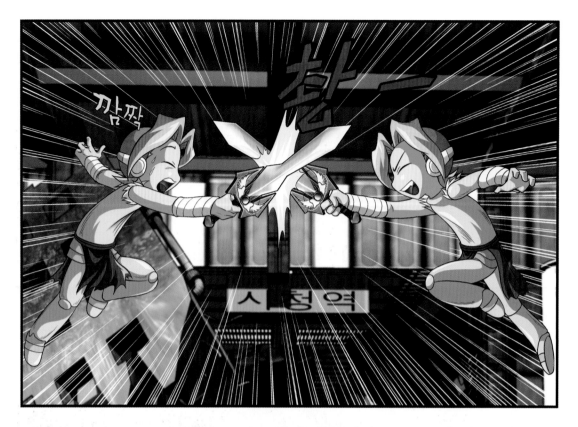

아참, 미러몬
얘길 깜빡했네~?!

보통 문어는 주변과 같은
색으로 변하지만 이 미러몬은
주변의 동물과 똑같이
변하는 능력이 있어.
어때, 신기하지?

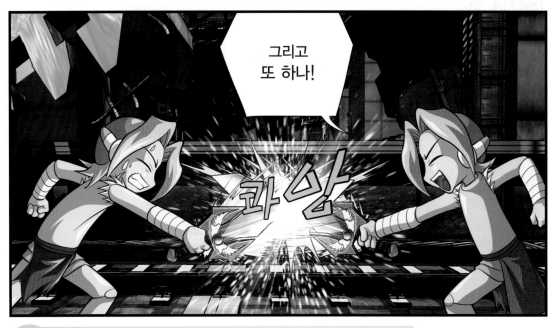

〈코믹 메이플스토리〉를 만드시는 작가님들은 정말 머리가 좋으신 것 같아요!
흥미진진한 내용에 그림도 너무 멋있어요~. 작가님들께 꼭 사인을 받고 싶어요!^^*
(김영원 | 경남 하동군 하동읍)

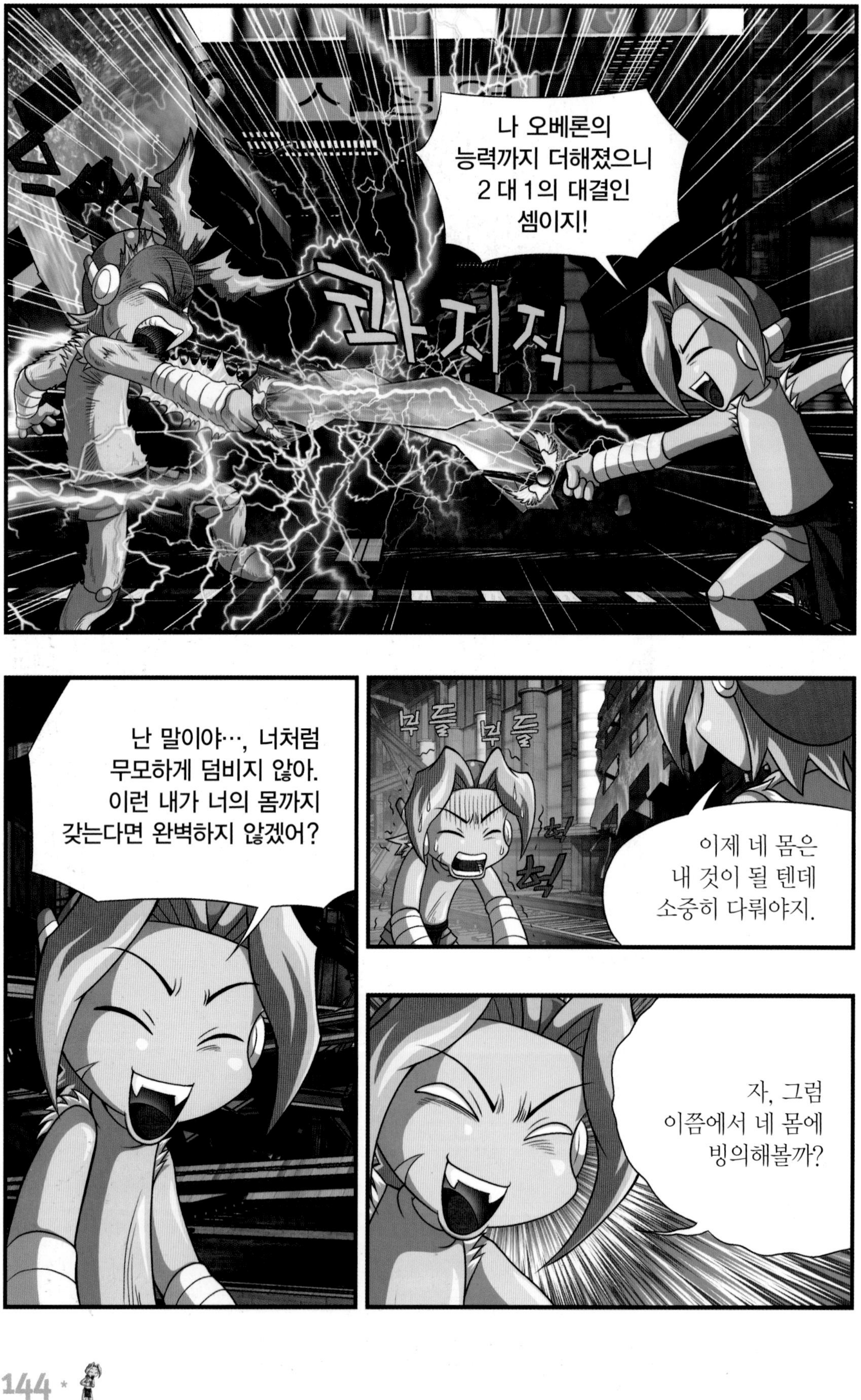
나 오베론의
능력까지 더해졌으니
2 대 1의 대결인
셈이지!
콰지직
난 말이야…, 너처럼
무모하게 덤비지 않아.
이런 내가 너의 몸까지
갖는다면 완벽하지 않겠어?
부들 부들
헉
헉
이제 네 몸은
내 것이 될 텐데
소중히 다뤄야지.
자, 그럼
이쯤에서 네 몸에
빙의해볼까?

나에 대해 다 알고 있다면… 죽어도 꺾이지 않는 내 의지에 대해서도 잘 알 텐데!

물론 알아. 그래서 네 약점도 안다고 했잖아.

도둑시리즈 4탄

영어가 쉽고 즐거워지는 효과만점 영어학습만화!

워크북 + MP3파일 + 스토리카드

영어도둑

약점?!

순간이동 한 너희를 쉽게 찾은 이유를 알려줄까? 바로 내가 너희에게 준 이 안테나 덕분이었어.

그런데 이 안테나의 진짜 기능은!!

코메짱 저는 〈코믹 메이플스토리〉가 어떤 액션영화보다 재미있습니다. 지금도 이 책을 만드느라 힘드시겠지만 앞으로도 더욱 더 재미있는 〈코믹 메이플스토리〉를 만들어주세요! 힘내세요!
(서영재 | 서울 강북구 번3동)

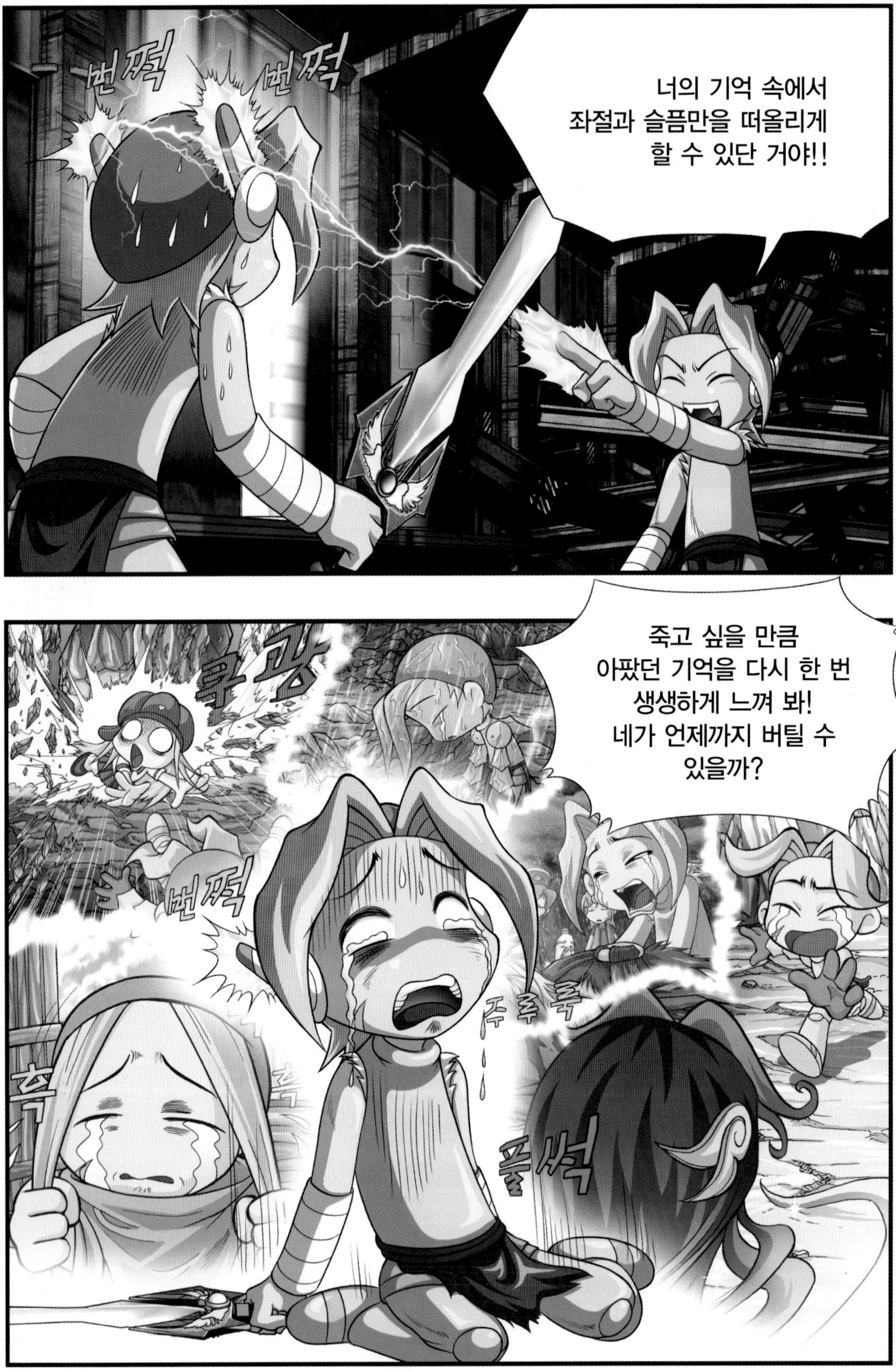
번쩍
번쩍
너의 기억 속에서
좌절과 슬픔만을 떠올리게
할 수 있단 거야!!
죽고 싶을 만큼
아팠던 기억을 다시 한 번
생생하게 느껴 봐!
네가 언제까지 버틸 수
있을까?
콰광
번쩍
주르륵
흑
흑
풀썩

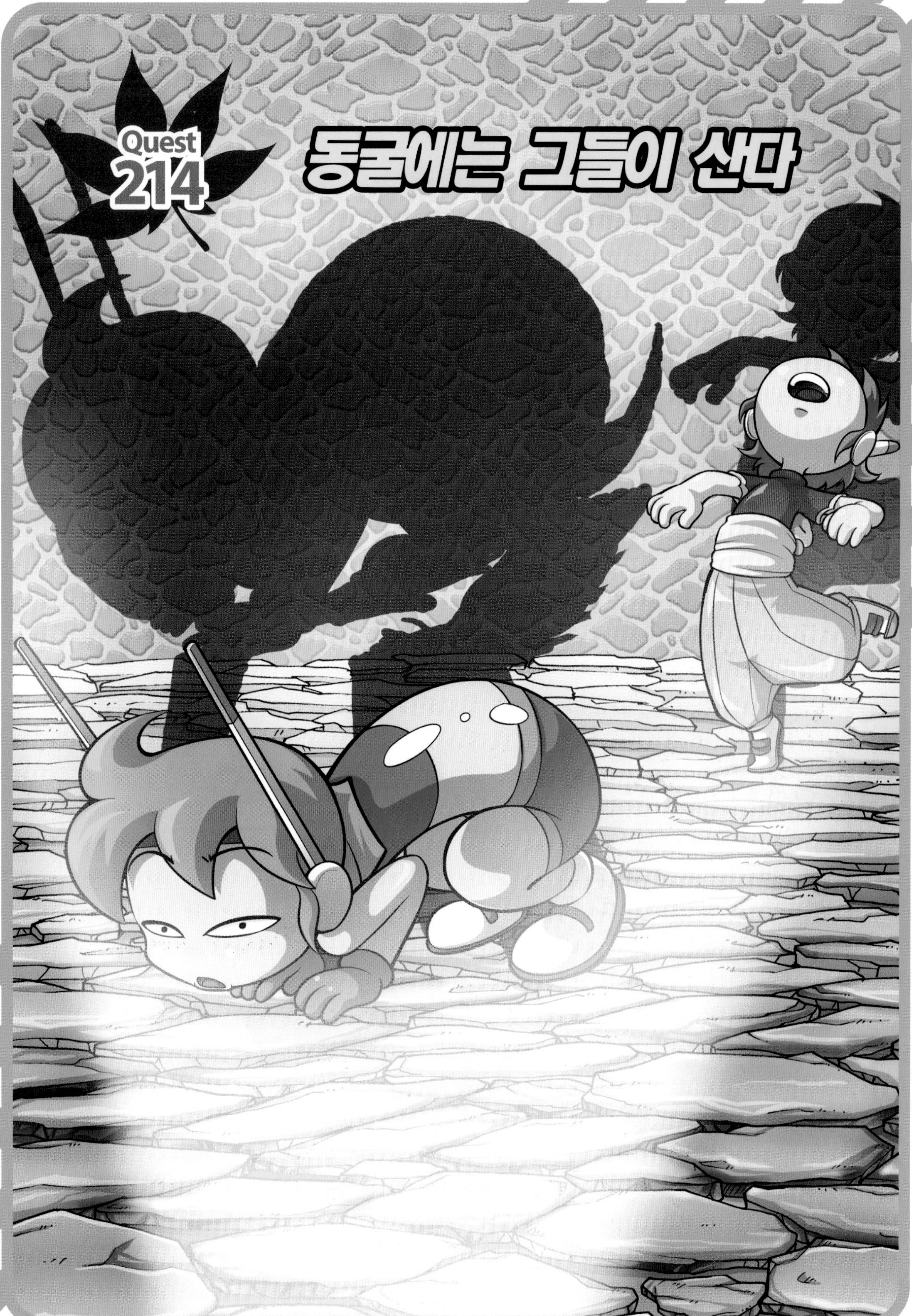
Quest 214
동굴에는 그들이 산다

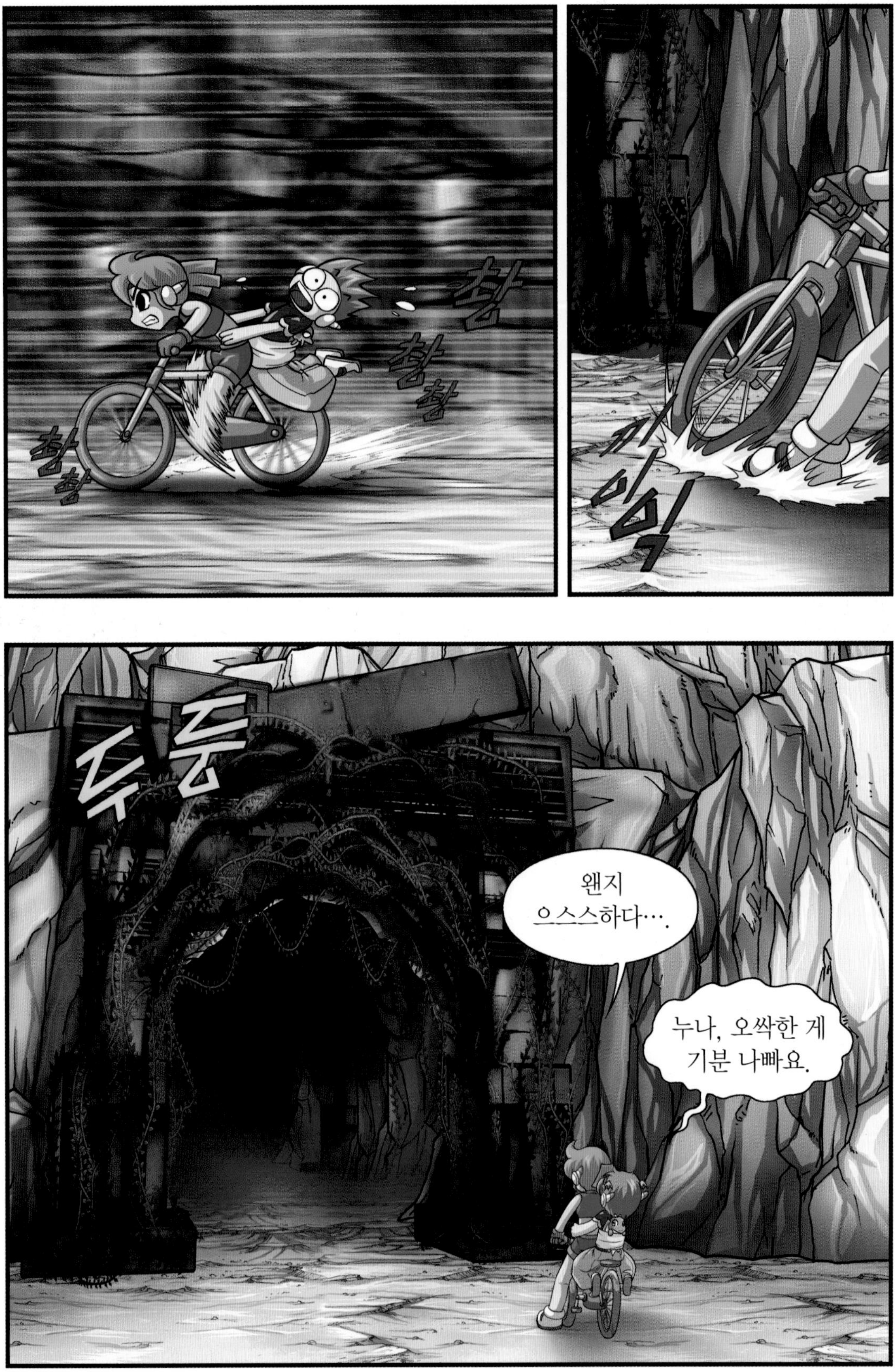
촹
촹촹
촹촹
끼이익
두둥
왠지
으스스하다….
누나, 오싹한 게
기분 나빠요.

딴 방법이 없어!

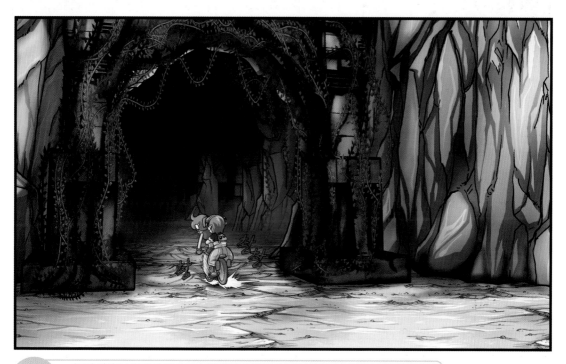

〈코믹 메이플스토리〉가 한 권씩 나올 때마다 정말 가슴이 설레요.
이번에는 어떤 이야기가 나올까 궁금해서 못 견딜 정도예요. 〈코믹 메이플스토리〉 파이팅!
(용단홍 | 인천광역시 남동구 만수3동)

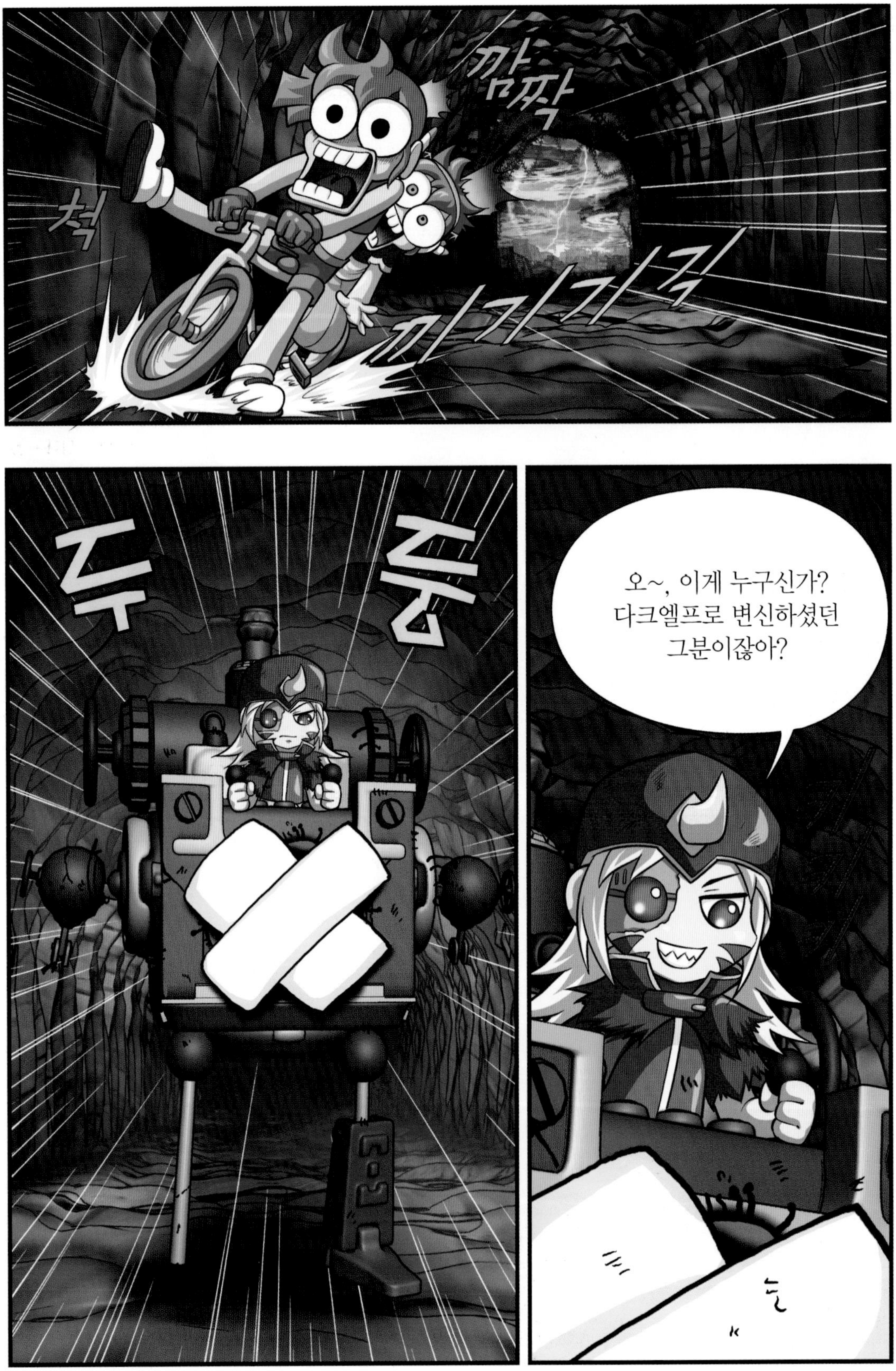
깜짝
척
끼기기기긱
두
둥
오~, 이게 누구신가?
다크엘프로 변신하셨던
그분이잖아?

너 언제 다크엘프로
변신했었니?

그때의 *수모를 백배
천배로 갚아주마!

*수모 : 창피를 당하는 것.

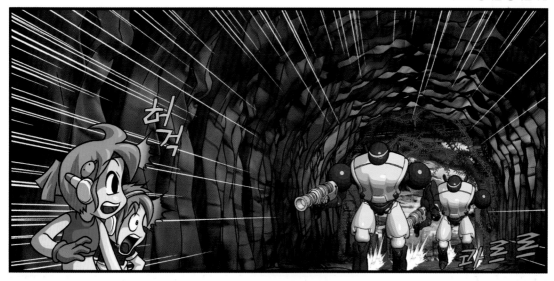

드디어 잡았군!
너흴 체포한다!!

무슨 소리야?
얘들은 내 거야!
물러서!

<코믹 메이플스토리>는 우리 태희가 '밥'보다 더 좋아하는 책이랍니다.^^
(고태희 어린이 어머니 | 경기 고양시 일산동구)

저건 또 뭐야?
재활용 로봇인가?

キ드 キ드

탑승자는 어떻고?
중환자실에서 방금
탈출했나 봐. 큭큭~.

キ-드

어딜 가든 너희 같은
멍청이들이 꼭 있지.
멍청이들의 공통된
*특징은 말로 해서는
못 알아듣는다는 것!

뭐?

메탈 아머,
〈미사일 탱크〉
모드 전환!

송맛사

특징 : 다른 것과 두드러지게 달라 눈에 띄는 점.
얘들아, 바우의 특징이 뭐라고 생각하니?
바우는~, 바우 그 자체가 특징이에요.

 앞으로 100권까지 만들어 주신다고 해도 저는 계속 〈코믹 메이플스토리〉를 읽을 거예요.
책장에 가득 채워진 〈코믹 메이플스토리〉를 보면 마음이 뿌듯해요. 저의 보물 1호랍니다.
〈정혜윤 | 강원 태백시 황지동〉

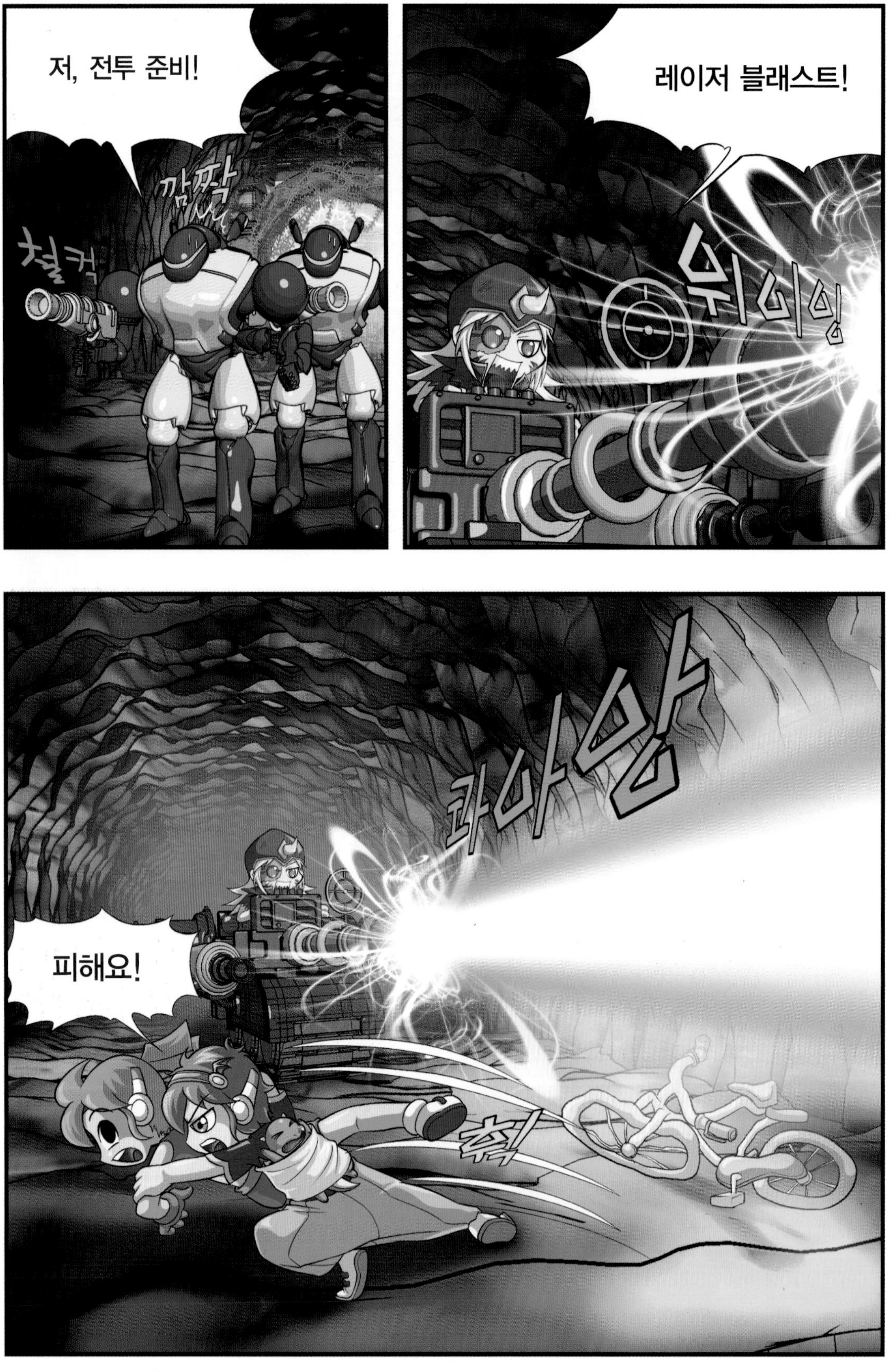
저, 전투 준비!
깜짝
철컥
레이저 블래스트!
위이잉
파사앙
피해요!
휙!

이제야
대화할 분위기가
만들어졌군.

자, 그럼 시작해 볼까? 대화의
주제는 〈너희를 가장 고통스럽게
없애는 방법〉이야. 너희의 적극적인
*참여를 기대할게.

참여 : 어떤 일에 기꺼이 끼어서 함께 하는 것.
〈동물 정령 축제〉에 참여하고자 이곳까지 왔어요.   네, 그럼 저쪽으로 입장하세요.
네? 구미호 축제장은 이쪽이잖아요.   그러니까요, 이쪽은 구미호 축제장이고 저쪽이 불곰 축제장이거든요.

악마…!

악마 맞아!
예쁜 꽃악마….

둘 다 의견 없어? 그럼 내
생각대로 할까? 일단 너희한테도
'레이저 블래스트'를 쏘겠어.
단, 서서히 고통 받으며 죽어갈 수
있도록 레이저 용량을 왕창
줄일 거야.

누구 맘대로!!
밥이든 레이저든
용량을 줄이는 건 절대
용서 못 해!

숙희야, 바우 누나한테
흙 먹일까?

듀나스가
밤까지
기다려준대?

여긴 컴컴하니까
되지 않을까…?

바보 같은 소리!
다크엘프는 밤에만 변신해.

그럼 어떡해?

노래를 불러!

지니
http://cafe.naver.com/ismgadong
〈서울문화사 아동기획팀〉 공식카페로 놀러오세요~!♪

뭐?

발사 준비-!!

내가 먼저 부를 테니까, 따라 불러!

숙희 왜 저래…, 우리가 지금 노래 부를 때냐?!

코메짱

〈코믹 메이플스토리〉는 정말 신기한 책이에요. 어떤 때는 제 마음을 조마조마하게 만들기도 하고, 또 어떤 때는 마음이 편해지면서 마냥 재미있거든요!
(김예빈 | 서울 노원구 상계동)

*꼽등꼽등~ 새끼꼽등~
번식꼽등~ 가족꼽등~ ♪♪

멍~

뭣들 하는 거야?

노래
안 불러?

엥?

따라
부르라니까!!

아, 알았어.

떠벅

꼽등꼽등~ 새끼꼽등~
번식꼽등~ 가족꼽등~ ♪♪

쯧쯧, 죽을 때가 다가오니까
저렇게 미쳐가는구나!

*꼽등이 : 꼽등잇과의 곤충. 몸은 갈색이며 등은 굽은 모양이다. 더듬이가 길고 뒷다리가 길어
잘 뛰며 날개는 퇴화되었다. 습한 곳에서 살며, 전 세계에 널리 분포한다.

우리 처음 만난 반지하 방~
귀뚜라미로 착각해서 기분이 와방~
울지 않는 네 행동이
진짜 수상해~ 세이 예에~♪♪

나 참….

〈코믹 메이플스토리〉는 정말 재미있어요. 저와 제 동생이 가장 오랫동안 읽고 있는
만화책이기도 하고요. 앞으로도 재미있게 만들어주세요. 파이팅!
(손세빈 | 서울 양천구 신월2동)

꼬… 꼽등이?

더 힘차게 불러!

꼽등꼽등~ 국민꼽등~
귀염꼽등~ 인기꼽등~ ♪♪
세이 예에~ ♪♪

*서식지 : 생물이 사는 곳.

으… 난 벌레가
젤 싫어…!!

*습기 찬
동굴이 꼽등이의
*서식지라는 건
상식 아니겠어? 일단
동굴을 빠져나가
목욕부터 하는 게
좋을걸~!

습기 : 물기가 많아 젖은 듯한 기운.

송맛사

과자를 습기 찬 곳에 오래 놔뒀더니 눅눅해져서… 어떻게 할지 고민이에요.

세상에! 그런 한심한 고민은 처음이야~. 그냥 먹으면 되잖아!

잘 가~~!!

우리 숙희
최고다~!!

별것 아니야. 천장을
보니까 꼽등이가 잔뜩
붙어 있더라고.
그래서 노래를 부르며
도와달라고
텔레파시를 보냈지.

애들한테
빨리 가보자.

우리 노래
부르면서 가요~!

꼽등꼽등~
우리꼽등~
세이 예에~ ♪♪

 일이 바쁜 엄마로서 함께 놀아주지 못해 미안한데, 〈코믹 메이플스토리〉를 보며
심심함을 달래는 아이가 참 기특하고 고맙습니다. (박시몬 어린이 어머니 | 경기 포천시 소흘읍)

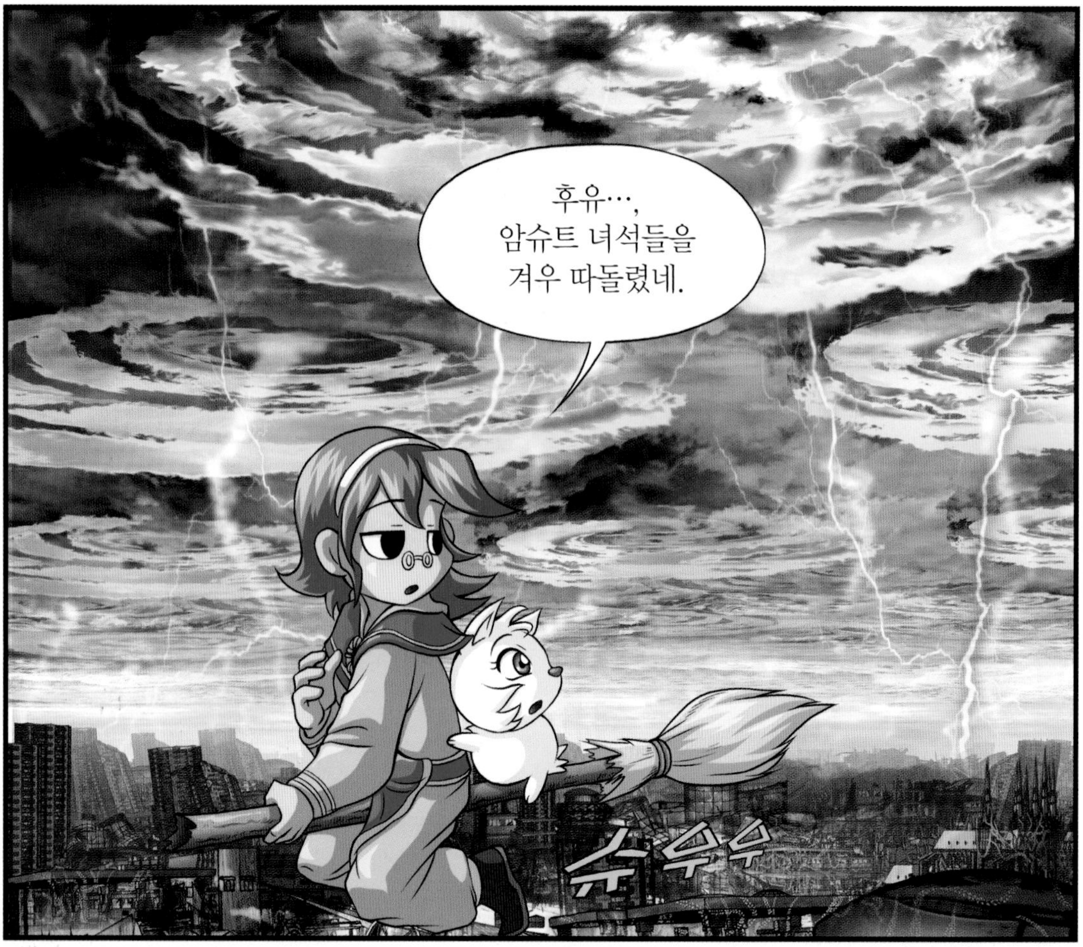
후유…,
암슈트 녀석들을
겨우 따돌렸네.
슈우우

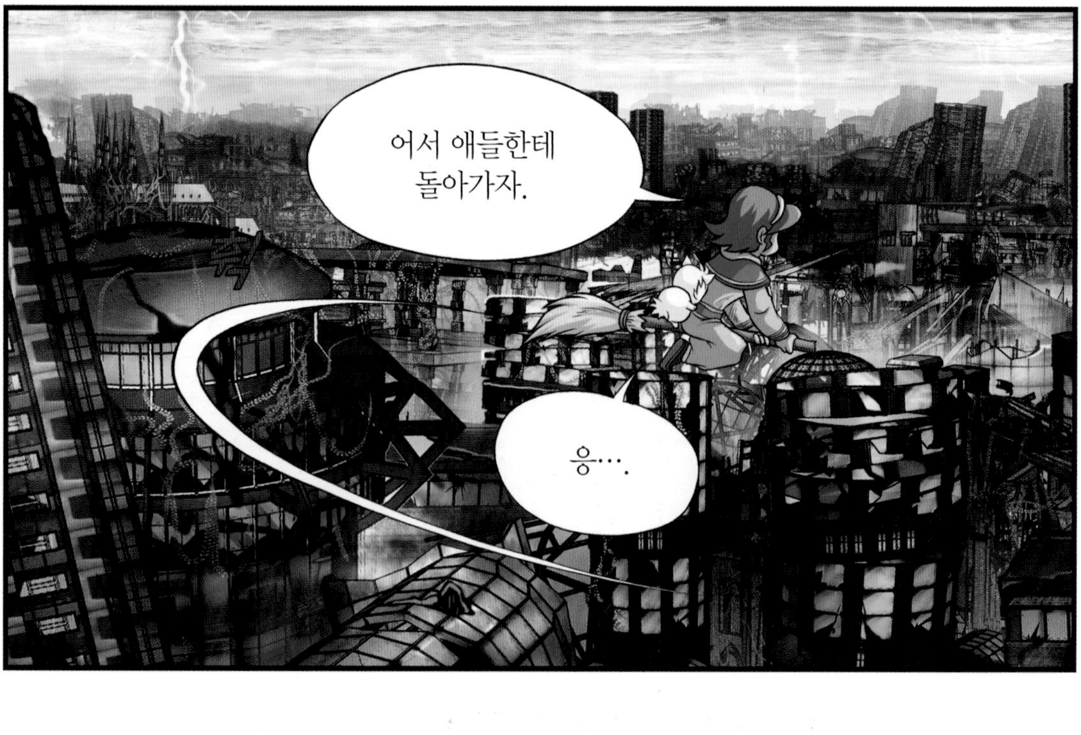
어서 애들한테
돌아가자.
응….

있잖아, 오빠…. 예전부터 궁금했던 건데… 물어봐도 돼?

뭔데?

라케니스한테 반지를 빼앗은 다음에… 어떤 방법으로 스승님을 되살려낼 거야?

방법은 두 가지야. 첫 번째는, 반지의 신통력으로 스승님의 유전자가 담긴 잎사귀를 땅에 심고 키우는 거야. 오래 걸리지만 가장 확실한 방법이지.

두 번째는?

두 번째는, 잎사귀를….

코메짱 제가 여러분에게 속담을 하나 알려드릴까요? 그건 바로 '〈코믹 메이플스토리〉를 하루라도 읽지 않으면 온몸이 근질거린다!' 입니다. ^^ (강누리 | 울산광역시 울주군 범서읍)

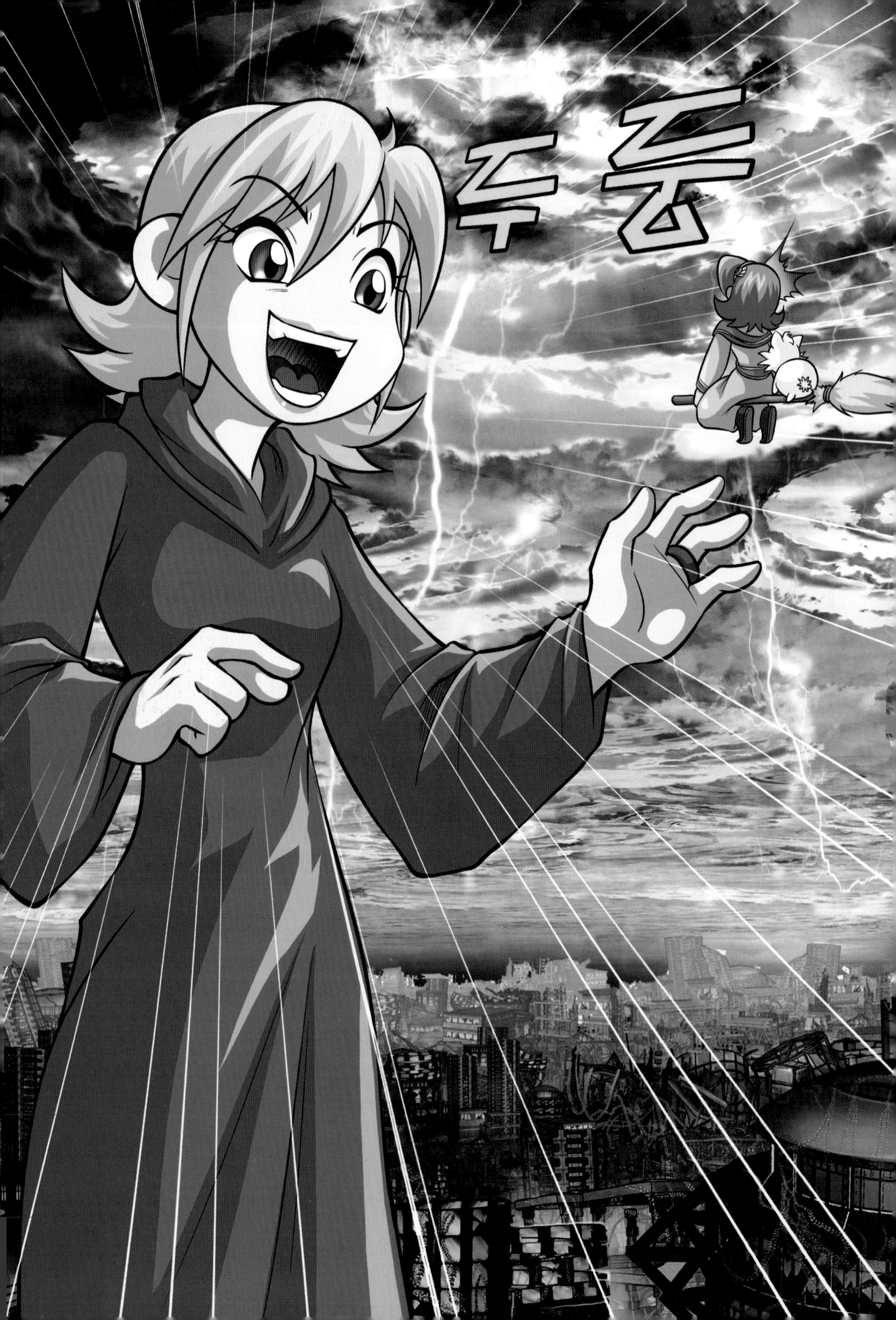
두둥

크핫핫핫~.

메이플스토리 게임만 보면 '이걸 책으로 만들 수 있을까?' 라는 생각이 드는데,
작가님이 상상력을 발휘하셔서 이렇게 재미있는 이야기를 만들어내신 걸 보니
절로 고개를 끄덕이게 됩니다. (박훈민 | 경남 양산시 삼호동)

*환술이라는 건 참 *오묘해. 알면서도 또 속는단 말이야.

*환술 : 남의 눈을 속이는 기술.

하긴… 빌딩 크기의 내 모습을 보고도 안 놀란다면 그게 더 이상한 일이지~!

반지야, 고마워~. 내 능력이 날로 날로 발전하는 건 다~ 네 덕분이란다!

그나저나 요것들이 어디에 떨어졌을까~?

저기 있네!

오묘하다 : 아주 놀랍고 신비하다.
사랑이란 참 오묘한 거야. 어떻게 오묘한데요? 몰라. 그러니까 오묘하지.

166

드디어 너랑 나도
끝을 보게 되겠구나!

가만, 저것도 혹시
환술 아니야?

어디…!

진짜가 틀림없군.
개 눈엔 똥만
보인다더니….
어머, 내가
지금 나한테 무슨
말을 하는 거야!!

자, 이제 영원히
안녕이다~!!

전 〈코믹 메이플스토리〉의 주인공들이 정말 좋아요. 착한 마음의 도도,
남을 배려하는 아루루, 그리고 열정이 넘치는 델리키. 모두들 훌륭해요!
〈장예진 | 경기 화성시 반송동〉

아휴~, 끝까지 참으려고 했는데 개 눈엔 똥만 보인다는 말에 웃음을 참을 수가 있어야지.

우리 오빠 앞에서 네 허접한 마법 자랑은 안 하는 게 좋을걸~!!

이제 이 길고 지루한 싸움도 나의 승리로 끝나겠군.

그 손! 천천히 들어올려. 허튼 생각은 안 하는 게 좋을 거야!

코메짱
아이와 아빠가 함께 보는 〈코믹 메이플스토리〉! 호진이가 아빠와 나란히 책을
보고 있는 모습을 볼 때면 마치 친구 같아서 보기가 좋고 마음이 참 뿌듯해집니다.
(공호진 어린이 어머니 | 경남 김해시 내동)

오케이!

자, 이제 너를 어떻게 처리해 줄까?

반지를 빼앗았으면 됐지, 나한테 뭘 더 바라는 거야?

그 반지는 내 전부였어! 이제 내게 남은 건 텅빈 마음뿐이라고…!!

비켜!!

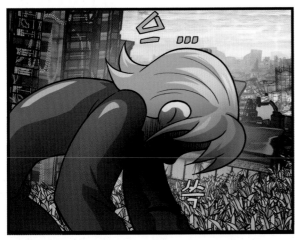

어머나~,
이게 뭘까?

 코메짱

저는 〈코믹 메이플스토리〉가 나오기만을 눈이 빠지게 기다린답니다!
저도 〈코믹 메이플스토리〉의 주인공들처럼 용감하고 재미있는 친구들을
사귀어 보고 싶어요. (최지수 | 경기 시흥시 정황4동)

길고도 지루한
우리의 싸움이 아직
안 끝난 것 같은데~?

어서 반지를
나한테 넘기시지~?

잎사귀부터
내놔!

아직도 상황
*파악이 안 돼?
이래도?!

아, 안 돼!!

파악 : 형편, 내용 같은 것을 분명하게 이해하여 아는 것.
아루루의 속마음을 파악할 방법이 없을까? 🐷 물어봐.
물어본다고 털어놓겠어? 😊 피가 날 때까지 깨물면 결국엔 털어놓지 않을까? ^^;

코메짱

〈코믹 메이플스토리〉는 우리 집 가보로 영원히 남을 책이에요.
그만큼 많은 애정을 가지고 항상 다음 권을 기다립니다.
(정준상 | 경남 양상시 중부동)

이제 잎사귀를
내놔!

뭐, 직접 와서 가져가
보시든지~.

그러고 보니 내가 분명히
리프레에서 저 녀석에게
정통으로 석화마법을
걸었는데…, 어떻게
멀쩡한 거지?

좋아, 이번엔
석화마법이고 뭐고
심장을 직접 공격하겠어.
길고 지루한 싸움도
오늘로 끝이야!

델리키,
조금만 더….

라케니스의 *계략에
말려들었어.
어떡하지…?!

쿵

조금만 더
가까이…!!

*계략 : 어떤 일을 이루기 위한 꾀나 수단.

부웅

착

쓱

이게 어딜
끼어들어?

뻥

코메짱

세상에서 가장 재미있는 〈코믹 메이플스토리〉! 저도 주인공 친구들의 장점을 본받아
멋진 친구가 되고 싶어요. 송도수 선생님과 서정은 선생님 모두 사랑해요~!^^
(김건웅 | 전남 여수시 화장동)

잎… 사귀는…?

난 여기
뱉었으니까 이젠
네가 알아서 해!

뚱스턴!
빨리 찾아봐!

알았어~.

후다다닥

쳇! 잎사귀만
아니라면…. 두고 보자,
라케니스!

휘!

부웅—

〈코믹 메이플스토리〉는 영욱이한테 '샘솟는 기쁨' 입니다.
출간되기를 간절히 기다리고 책이 나오면 정말 재미있게 본답니다.^^
(정영욱 어린이 어머니 | 울산광역시 동구 전하1동)

후유~
하마터면 내가
당할 뻔했네~.

뿍슝—

아무리 찾아도 없어.
라케니스가 진짜
삼켜버린 게 아닐까?

쓸데없는 소리 말고
계속 찾아봐!

쿵

쿵

오빠, 이제 잎사귀는
포기해…. 풀밭에 온통
라케니스 침냄새뿐이야.

만약… 라케니스가
정말 잎사귀를
먹었다면…
되… 되살아날
텐데!!

풀썩

뭐?!
그럼 그 두 번째
방법이…!!

안돼!

곳곳에 적혀 있는 '송맛사' 예문이 정말 재미있고, 도움이 많이 돼요.
또, 책의 마지막 부분으로 갈수록 스릴감이 느껴집니다. 멋진 책을 만들어 주시는
서정은 선생님과 송도수 선생님~ 정말 감사해요! (장수현 | 서울시 강동구 암사3동)

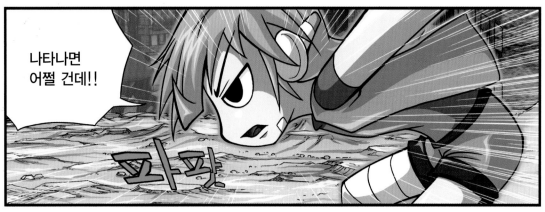

 42권 재미장  1위 아루루와 도도가 듀나스 영주 앞에서 가짜로 싸우는 척하는 것.

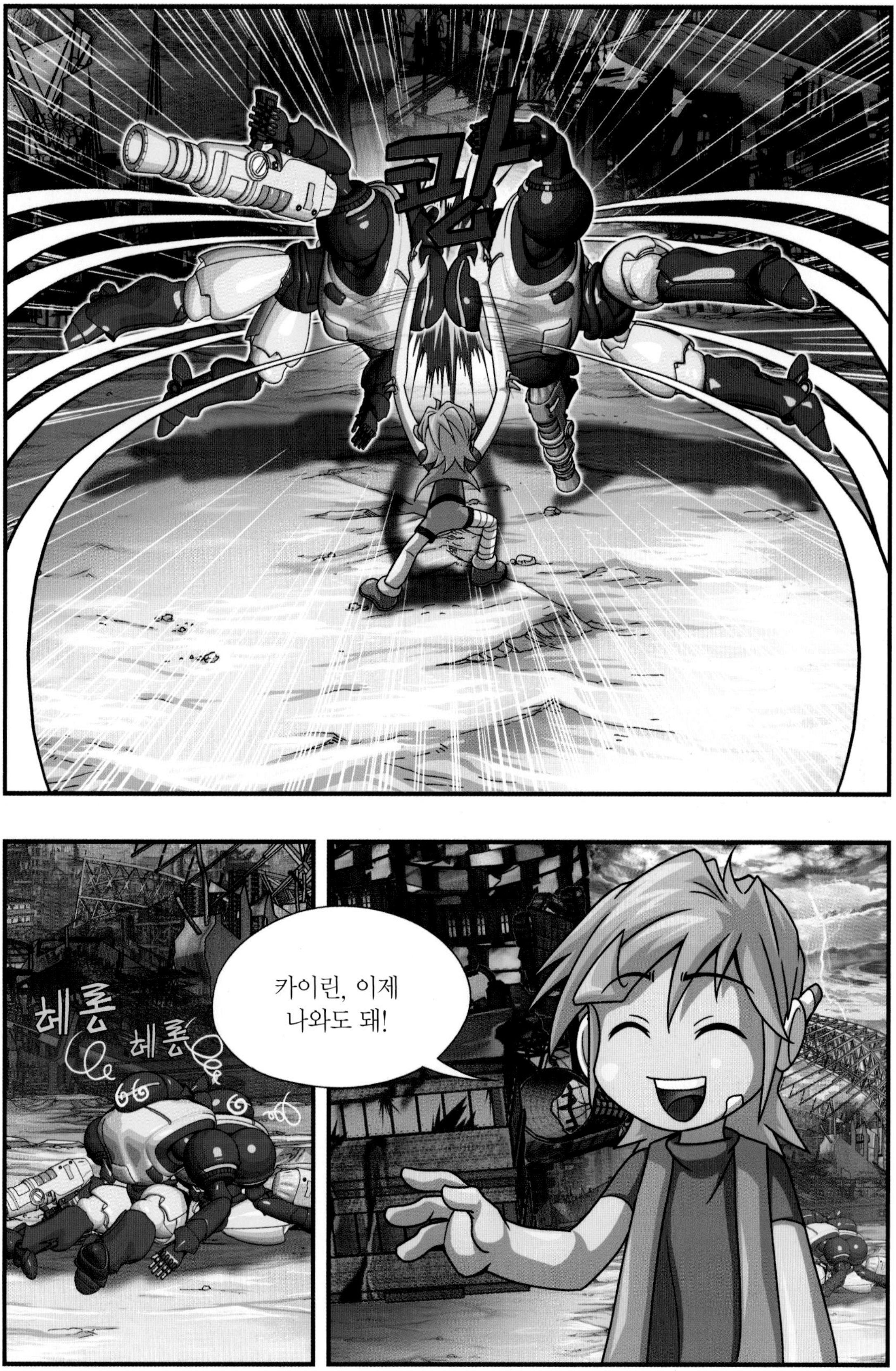
헤롱 헤롱
카이린, 이제 나와도 돼!

42권 재미짱 2위 신의 손 슈미가 앤디 영주의 머리를 이상하게 자른 것.

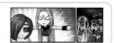

와, 벌써 다 끝난…?

아루루 피해!!

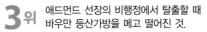

42권 재미짱 **3**위 애드먼드 선장의 비행정에서 탈출할 때 바우만 등산가방을 메고 떨어진 것.

나나

http://cafe.naver.com/ismgadong
〈서울문화사 아동기획팀〉 공식카페로 놀러오세요~!♪

아루루!!

바보같이…!
피하라니까 왜
내 말을 안 들어?!

정기구독을 신청하세요! ♥
〈코믹 메이플스토리〉, 〈수학도둑〉 정기구독 신청방법 두 가지!!
① 전화 (02)3785-0908을 눌러 직원과 통화해 주세요.
② 온라인 www.mlounge.co.kr에 접속해 상단의 정기구독을 클릭해 주세요.

네가 다칠까봐….

아루루!!

혁!
죽었나봐!!

아냐, 아직 살아 있어!
생명력 스캐너에
희미하게나마
신호가 잡혀.

정기구독 신청시 선물을 드려요! ♥

정기구독을 신청하시면 〈메이플손목시계〉, 〈메이플피규어〉,
〈과학도둑 1권〉 중 하나를 선물로 드립니다~!

후유~, 다행이다.
영주님께서 스트레스
푸신다고 생포하라고
하셨으니 어떻게든
살려서 가야 해.

녀석에게 로켓을 쏜 게
실수였어. 너무 약이
올라서 나도 모르게….
잠시 어떻게 됐었나봐!

이 깡통들아!!
내 친구를 이 지경으로 만들어
놓고 너희가 무사할 것 같아?

어쭈?
반항이라도
해보시겠다~?

훗, 그깟
구식 총으로
까불기는~!

샷건아, 제발
내 분노에
반응해 줘!!

새책
소개
단어에서 회화까지! 읽기, 쓰기, 듣기, 말하기를 한번에!
영어모둠 ① 워크북+MP3+스토리카드

그렇지!
바로 이거야!

BEST

상상초월
미래환경만화!

환경사랑
워크북
+
초등교과
연계수록

노아엑스

총이 몸속으로
들어가고 있어…!

어떻게
저런 일이!!

생명력 스캐너에
위험 신호가 왔어!
이러다간 여자애가
죽을지도 몰라!!

뭐?! 우린 아무 짓도
안 했는데…! 어떻게든
살려야 해!!

43권
편집후기

혼자 〈코메〉'가상캐스팅'을 해봤어요. 차도남 혼테일은 차가운 이미지의 A군, 열혈남아 도도는 활발한 이미지의 B군,
명랑 쾌활 아루루는 따뜻한 이미지의 C군, 카이린은 도도하게 생긴 D양, 주카는 새침 발랄한 E양으로요. 가상캐스팅이
제일 어려운 건 바로 바우! 독자 여러분은 어떻게 생각하세요? 〈아동기획팀 카페〉에서 앙케이트 해볼까요?^^ (편집부 꼬미)

헉!! 생명력이 바닥났어!!

카이린, 대체 무슨 일이야?! 코믹 메이플스토리 44권을 기대해 주세요!

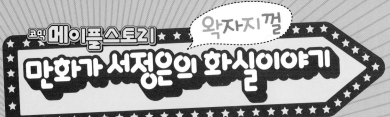

절묘한 타이밍!

카메라 셀프타이머 시간이 짧은 경우

아직 포즈도 안 취했는데!!

카메라 셀프타이머 시간이 긴 경우

앗! 눈 감았다.

카메라 셀프타이머 시간이 적당한 경우

이젠 완벽해!

절묘한 타이밍

밥 먹어~!

어~!

찍혀야 맛!

세상 참 좋아졌네~. 카메라 리모컨이 있어서 혼자서도 문제없잖아~!

자유로운 포즈와 다양한 표정까지!!

근데 사진마다 리모컨이 보이네~?

역시 사진은 누가 찍어줘야 제맛인데~!

좀 더 뒤로~ 뒤로~~!!

코메 소식통

〈코메소식통〉은 〈코믹 메이플스토리〉를 사랑하는
이들이 함께 만들어 가는 공간입니다. 애독자엽서와 〈서울문화사 아동기획팀〉 카페
〈http://cafe.naver.com/ismgadong〉를 통해 많이 많이 참여해 주세요~!!

1 코메가 간식 쏜다!

간식을 받고 싶은 사연을 엽서에 적어 보내주시면
즐거운 자리에 코메가 간식을 보내드립니다. 반 친구들과 함께
기쁨을 나누고 싶다면 학교로, 가족과 함께 즐기고 싶다면 집으로
간식을 보내드려요. 또한 간식을 받은 후 기념 촬영한 사진을
편집부로 보내주시면 문화상품권(2만원)을 추가로 보내드립니다.

★ 응모방법 : 애독자엽서
★ 응모기간 : 2010년 12월 20일 ~ 2011년 1월 20일
★ 발표 : 2011년 2월 1일 개별 통보 후 〈서울문화사 아동기획팀〉 카페 공지
★ 선물 : 10만원 상당의 간식(1명)
★ 배송일 : 2011년 2월 10일까지

42권의 〈코메가 간식 쏜다!!〉 코너에서는 크리스마스를 맞이해 독자 여러분의 사랑에
보답하고자 특별히 두 분의 독자께 간식을 선물했습니다. 모두 행복한 겨울 되세요!^^

저는 나훈이 아버지입니다. 학교 아이들이
〈코믹 메이플스토리〉에서 보내준 간식이라며 정말 좋아했습니다.
아이들이 커서도 이야기할 수 있는 좋은 책이 되길 바랍니다.
권나훈 아버지 (충남 당진군 면천면)

〈코믹 메이플스토리〉 덕분에 친구들과 함께
맛있는 간식을 먹게 돼서 친구들 모두 무척 좋아했어요 ^^
좋은 추억을 만들어주셔서 고맙습니다!
김혜원 (인천광역시 남동구 논현동)

2 코메 보고 상상하자!

여러분의 상상력을 펼쳐 오른쪽 바우 말칸에 대사를 넣어보세요.

★ 응모방법 : 〈서울문화사 아동기획팀〉 카페(http://cafe.naver.com/ismgadong)
★ 응모기간 : 2010년 12월 20일 ~ 2011년 1월 20일
★ 발표 : 2011년 2월 1일 〈서울문화사 아동기획팀〉 카페 공지 후 개별 통보
★ 선물 : 기발상 | 문화상품권 3만원(1명), 재치상 | 문화상품권 1만원(2명)
★ 배송일 : 2011년 2월 10일까지

내가 준 100원
내 놔!

그럼 내가 준
500원 내 놔!

기발상 | 박봄(fax1028)
http://cafe.naver.com/comixrpg/652516

http://cafe.naver.com/ismgadong
당선자 발표 확인과 〈코메소식통〉 참여는 〈서울문화사 아동기획팀〉 공식카페에서 하세요~!

3 코메랑 사진 찍자!

1등 | 난 나다(1209kevin) - 순수덧글 65개
http://cafe.naver.com/comixrpg/653014

〈코믹 메이플스토리〉 책과 함께 즐거운 시간을 보내고 있는 사진을
찍어 〈서울문화사 아동기획팀〉 카페에 올려주세요. 덧글이 가장 많은
인기작을 뽑아 선물을 드립니다. (덧글채팅과 중복덧글을 제외한 순수덧글로 순위를 선정함.)

★ 응모방법 : 〈서울문화사 아동기획팀〉 카페(http://cafe.naver.com/ismgadong)
★ 응모기간 : 2010년 12월 20일 ~ 2011년 1월 20일 ★ 배송일 : 2011년 2월 10일까지
★ 발표 : 2011년 2월 1일 〈서울문화사 아동기획팀〉 카페 공지 후 개별 통보
★ 선물 : 1등 | 문화상품권 5만원(1명), 2등 | 문화상품권 3만원(2명), 3등 | 문화상품권 1만원(3명)

4 코메한테 고민을 털어놔!

어린이 청소년 클리닉
〈행복한아이연구소〉
서천석 원장님께서 여러분의
고민을 해결해드립니다.

Q 42권 고민 사연(오유란(가명), 초 6, 여)

이 고민은 제가 3년 동안 품고 있다가 겨우 꺼낸 거예요…. 저는 같은 학교에 좋아하는 남자아이가 있습니다.
그 아이는 학교에서 장난꾸러기로 유명한 아이인데, 저는 소심하고 남에게 말을 잘 못하는 성격이라 고백을
못하겠어요. 그런데 그 애는 다른 아이를 좋아하고 있는 것 같기도 해서 더욱 고민입니다. 이럴 땐 어떻게 해야 할까요?

A 누군가를 좋아한다는 것은 힘들지만 참 멋진 일입니다. 좋아하는데 그 마음이 상대에게
전달되지 않을 때 마음이 무척 아프지요. 하지만 아픔은 우리를 더 많은 생각으로 이끌
고, 우리의 감성을 풍부하게 합니다. 유란 양도 그동안 많이 설레고, 그립고, 안타깝기도
한 시간이었을 거예요. 그 시간이 힘들었겠지만 덕분에 얻은 것도 많을 겁니다. 다만 이제 중학교
에 가야 하고, 그러다 보면 앞으로 그 친구를 못 볼지도 모른다는 생각이 드니 빨리 뭔가 고백을
해야 할 것 같아 초조해지나 봐요. 하지만 유란 양이 고백을 잘할 성격이라면 아마 벌써 고백을 했
을 거예요. 그것이 쉽지 않으니 3년이란 긴 시간이 흘렀겠지요. 고백이란 실제로 조금 부담스런 일
입니다. 그 친구가 장난꾸러기이니 진지하게 고백을 들어 주지 않고 여러 사람에게 떠벌리거나 놀
릴 수도 있지요. 그 정도는 아니더라도 자신은 마음이 없다고 하면 고백한 입장에선 분명히 상처가
될 거예요. 고백이란 것도 자기 성격에 맞게 하는 것이 좋습니다.
부담스럽지 않은 정도로 상대가 내 마음을 알 수 있도록 할 방법을 찾아보세요. 크리스마스가 다가
오니 카드를 써보는 건 어떨까요? 모쪼록 유란 양이 이번 일로 조금 더 성숙해지길 바랍니다.

 서천석 원장님께서는 서울대학교 의과대학 및 대학원을 졸업하시고, 서울대학교병원 신경정신과
전문의 과정을 수료하신 후 현재 〈서울신경정신과〉에 계십니다.

누군가를 좋아하면
마음이 설레요~!

★ 응모방법 : 애독자엽서 ★ 응모기간 : 수시 접수 ★ 발표 : 〈코믹 메이플스토리〉 44권
(2011년 2월 20일 출간 예정) ★ 선물 : 서정은 & 송도수 작가님이 직접 사인한
〈스터디플래너〉(1명) ★ 배송일 : 2011년 2월 10일까지

 〈코메 보고 상상하자!〉 또는 〈코메랑 사진 찍자!〉에 세 번 이상 당선될 경우, 이후 당선작
후보에서 제외되고 특별한 선물과 함께 〈코메소식통-명예의 전당〉에 이름이 올라갑니다.

코믹 메이플스토리 다른그림찾기

A **B**

왼쪽의 그림은 서정은 작가님의 미래환경만화 〈노아엑스〉의 주인공 바이칸입니다. **A** 와 **B** 를 비교하여 다른 점 5가지를 찾아보세요! 정답자 중 10분을 추첨하여 서정은 작가님의 친필사인, 〈코믹 메이플스토리〉 만화원고원화, 편집부에서 준비한 선물을 집으로 보내드립니다.

🌱 **참여 방법** : 네이버 팬카페 〈http://cafe.naver.com /comixrpg〉에 접속하시면 대문에 '다른그림찾기 응모방법'에 대해 자세히 적혀 있어요.

🌱 **응모 기간** : 2010년 12월 20일 ~ 2011년 1월 10일

🌱 **당첨자 발표** : 2011년 1월 15일

코믹 메이플스토리 내솜씨최고

네이버카페 (http://cafe.naver.com/comixrpg)
팬카페에 있는 〈그림자랑〉 코너에 그림을 올려주시면 서정은 작가님의 소감과 함께 〈코믹 메이플스토리〉 책에 소개해 드립니다. 여러분의 실력을 마음껏 뽐내주세요!

◀ 카이린과 아루루가 사이좋게 앉아 있는 모습을 파란색과 노란색 계통의 색을 다양한 농도로 사용하여 부드럽고 따뜻한 분위기로 잘 그려주셨습니다.

하늘세상(jihha23)님

어린새(lho0804)님

▲ 아루루로 인해 미묘한 사이가 돼버린 주카와 카이린의 표정이 재미있습니다. 인물들의 성격과 관계를 한 장의 그림에 잘 표현하였습니다.

np(Skndnj51)님

▲ 바다의 귀족다운 멋진 모습의 카이린입니다. 피부와 머리카락, 배경에서 느껴지는 섬세함과 질감이 마치 유화를 보는 듯합니다.